PARA CONHECER
Sintaxe

COLEÇÃO
PARA CONHECER

Aquisição da Linguagem
Elaine Grolla e *Maria Cristina Figueiredo Silva*

Fonética e Fonologia do Português Brasileiro
Izabel Christine Seara, Vanessa Gonzaga Nunes e *Cristiane Lazzarotto-Volcão*

Morfologia
Maria Cristina Figueiredo Silva e *Alessandro Boechat de Medeiros*

Norma Linguística
Carlos Alberto Faraco e *Ana Maria Zilles*

Semântica
Ana Quadros Gomes e *Luciana Sanchez Mendes*

Sintaxe
Eduardo Kenedy e *Gabriel de Ávila Othero*

Sociolinguística
Izete Lehmkuhl Coelho, Edair Maria Görski, Christiane Maria N. de Souza e *Guilherme Henrique May*

Coordenadores da coleção
Renato Miguel Basso
Izete Lehmkuhl Coelho

Proibida a reprodução total ou parcial em qualquer mídia
sem a autorização escrita da editora.
Os infratores estão sujeitos às penas da lei.

A Editora não é responsável pelo conteúdo deste livro.
Os Autores conhecem os fatos narrados, pelos quais são responsáveis,
assim como se responsabilizam pelos juízos emitidos.

Consulte nosso catálogo completo e últimos lançamentos em www.editoracontexto.com.br.

Eduardo Kenedy
Gabriel de Ávila Othero

PARA CONHECER
Sintaxe

Copyright © 2018 dos Autores

Todos os direitos desta edição reservados à
Editora Contexto (Editora Pinsky Ltda.)

Montagem de capa e diagramação
Gustavo S. Vilas Boas

Preparação de textos
Daniela Marini Iwamoto

Revisão
Lilian Aquino

Dados Internacionais de Catalogação na Publicação (CIP)

Kenedy, Eduardo
Para conhecer sintaxe / Eduardo Kenedy e Gabriel de Ávila
Othero ; coordenação de Renato Miguel Basso e
Izete Lehmkuhl Coelho. – 1. ed., 3ª reimpressão. – São Paulo :
Contexto, 2024.
192 p. : il. (Para conhecer)

Bibliografia
ISBN 978-85-520-0069-3

1. Língua portuguesa – Sintaxe 2. Linguística I. Título
II. Othero, Gabriel de Ávila

18-1027   CDD 469.5

Andreia de Almeida CRB-8/7889

Índice para catálogo sistemático:
1. Língua portuguesa : Sintaxe

2024

Editora Contexto
Diretor editorial: *Jaime Pinsky*

Rua Dr. José Elias, 520 – Alto da Lapa
05083-030 – São Paulo – SP
PABX: (11) 3832 5838
contato@editoracontexto.com.br
www.editoracontexto.com.br

SUMÁRIO

APRESENTAÇÃO 9

A NOÇÃO DE CONSTITUINTE 15

    Objetivos gerais do capítulo 15

    1. Unidades de análise: constituintes sintáticos 16

    2. Testes de identificação de constituintes 21

    3. Sintagmas em português 28

    4. Complemento do núcleo 29

    5. Especificador do núcleo 32

    6. Especificador, núcleo e complemento 33

    7. Adjunção 35

    8. Recursividade 37

    9. Sintagmas nominais 38

    10. Sintagmas verbais 41

    11. Sintagmas preposicionais 48

    12. Sintagmas adjetivais 50

    13. Outros sintagmas? 52

    • Leituras complementares 53

    • Exercícios 53

FUNÇÕES SINTÁTICAS **55**
    Objetivos gerais do capítulo 55
    1. O que são funções sintáticas 56
    2. Desenhando árvores 57
    3. A NGB 58
    4. Frase, oração e período 61
    5. Sujeito e predicado 62
        5.1 Subclassificações do sujeito 64
        5.2 Subclassificações do predicado 68
    6. Objetos 70
    7. Predicativos 73
    8. Complemento nominal 73
    9. Agente da passiva 74
    10. Adjuntos 76
    11. Funções discursivas 77
    12. Outras funções 78
    13. Crítica 82
    • Leituras complementares 85
    • Exercícios 86

ARTICULAÇÃO ENTRE ORAÇÕES **87**
    Objetivos gerais do capítulo 87
    1. Múltiplas orações no período 88
    2. Encaixamento 90
        2.1 Conectivos subordinativos 101
        2.2 Encaixadas reduzidas 107
    3. Hipotaxe 113
        3.1 Conectivos hipotáticos 118
        3.2 Hipotáticas reduzidas 121
    4. Parataxe 122
        4.1 Conectivos paratáticos 124
        4.2 Paratáticas reduzidas 126

- 5. Orações correlatas 127
- 6. Orações desgarradas 128
- 7. Casos limítrofes 129
- ● Leituras complementares 131
- ● Exercícios 132

DUAS ABORDAGENS NO ESTUDO DA SINTAXE 133
Objetivos gerais do capítulo 133
1. A abordagem tradicional-normativa e a abordagem formalista 134
2. Abordagem funcionalista 136
   - 2.1 Iconicidade 138
   - 2.2 Funções comunicativas e sua expressão sintática 142
   - 2.3 Sintaxe e os subprincípios da iconicidade 145
   - 2.4 Marcação 147
   - 2.5 Teoria sintática e usos linguísticos 149
3. Abordagem experimental 150
   - 3.1 Métodos off-line e métodos on-line 155
   - 3.2 Tarefa experimental 162
   - 3.3 Controle de variáveis 163
   - 3.4 Condições experimentais e desenho fatorial 164
   - 3.5 Estímulos linguísticos 166
   - 3.6 Seleção de participantes e sua distribuição na tarefa 170
   - 3.7 Aplicação do experimento 171
   - 3.8 Análise estatística 172
   - 3.9 Sintaxe Experimental no Brasil e no resto do mundo 173
- ● Leituras complementares 174
- ● Exercícios 175

CONSIDERAÇÕES FINAIS 177
BIBLIOGRAFIA 181
OS AUTORES 185

APRESENTAÇÃO

A Sintaxe é a área da Linguística que investiga como as **palavras** são organizadas de modo a formar **frases** em uma **língua natural**, como, por exemplo, o português, a Libras, o karajá, o espanhol ou o inglês. Por isso, costumamos dizer que o domínio mínimo da análise de um sintaticista é limitado pela palavra – investigar o comportamento de elementos menores do que um item lexical é tarefa de um morfólogo ou de um fonólogo (acerca dos componentes da gramática diferentes da sintaxe, veja os demais livros da coleção "Para Conhecer", como, por exemplo, *Para conhecer fonética e fonologia*, *Para conhecer morfologia* e *Para conhecer semântica*). Por sua vez, o domínio máximo de investigação em Sintaxe costuma ser a frase, muito embora existam sintaticistas que estudem também as relações entre frases, conforme mostraremos nos capítulos finais deste livro. De qualquer maneira, conhecer sintaxe é, em geral, pesquisar fenômenos gramaticais que acontecem nos limites entre a palavra e a frase.

Quando falamos ou escrevemos, utilizamos as palavras de nossa língua para organizarmos nossas ideias em sequências sonoras ou escritas estruturadas e ordenadas. Não pronunciamos nem escrevemos palavras de maneira aleatória na cadeia de fala ou de escrita. Com efeito, a articulação entre palavras numa frase é controlada por **regras** e **princípios** básicos de **ordenação** e de **concordância**. Por exemplo, uma sequência arbitrária de palavras, como se vê em (1), não resulta numa frase válida em língua portuguesa, ainda que todos os itens dessa pseudofrase façam parte do repertório lexical de nossa língua.

(1)   *Amigos Maria João os da o conhecem.

> Conforme notação corrente em teoria linguística, utilizamos neste livro o asterisco para indicar uma sequência sintaticamente malformada na língua.

Para que (1) se torne uma frase legítima em português, é preciso ordenar essa sequência de palavras de uma maneira muito específica. Por exemplo: nessa língua, artigos devem preceder linearmente os substantivos. Desse modo, são aceitáveis as sequências [os amigos], [a Maria], [o João], mas não as cadeias *[amigos os], *[Maria a], *[João o]. Além disso, numa dada frase, arranjos de palavras como [os amigos], [da Maria] e [o João] devem ser concatenados entre si na forma de **constituintes ordenados**, ou seja, devem ser dispostos lado a lado sob certas limitações estruturais, do contrário o resultado será novamente uma sequência de palavras inaceitável na língua. É por essa razão que (2) continua sendo uma estrutura sintaticamente malformada em português, apesar de a regra sobre o ordenamento entre artigo e substantivo estar aqui sendo preservada.

(2)   *Os amigos da Maria o João conhecem.

Todas as línguas naturais possuem um padrão básico para a disposição linear dos constituintes de uma frase. Em português brasileiro (PB), esse padrão é manifestado na ordenação **sujeito → verbo → complemento**. Ou seja, sempre que temos, em nossa língua, frases com esses três constituintes, eles normalmente aparecem nessa ordem – com exceção dos contextos de ênfase ou de contraste, que demandam outro tipo de linearização. Na sequência em (2), a ordenação básica do português foi violada sem que se tratasse de algum contexto especial. É essa violação que dispara a sensação de inaceitabilidade da frase. Repare, na representação sintática de (2), feita em (3a) a seguir, que essa frase possui constituintes ordenados de maneira diferente do que se vê em (3b). É somente nesse último caso que, em acordo com o padrão frasal do PB, o sujeito antecede o verbo, que é sucedido por seu complemento.

(3) a. *[Os amigos da Maria]$_{sujeito}$ [o João]$_{complemento}$ [conhecem]$_{verbo}$.
    b. [Os amigos da Maria]$_{sujeito}$ [conhecem]$_{verbo}$ [o João]$_{complemento}$.

Desvendar as regras e os princípios que controlam a formação de frases nas diferentes línguas humanas é o principal objetivo da pesquisa em Sintaxe. Nesse empreendimento científico, a ordenação linear de palavras e de constituintes é apenas um fenômeno entre muitos outros na agenda de trabalho de sintaticistas no Brasil e no restante do mundo. De fato, as propriedades sintáticas das línguas naturais são diversas e complexas. É, inclusive, possível que um fato sintático se manifeste em interface com outro componente da gramática de uma língua. Por exemplo, a concordância é uma área de interação entre Sintaxe e Morfologia conhecida como **Morfossintaxe**. Um sintaticista deve estar atento a esse ponto de interface porque restrições de natureza morfossintática podem limitar a composição de estruturas frasais tanto quanto o podem os fenômenos puramente sintáticos. Repare como (4) também não é uma frase bem formada em português, apesar de não haver nela nenhuma violação das regras de ordenação linear da língua.

(4) *[O amigos do Maria]$_{sujeito}$ [conheço]$_{verbo}$ [as João]$_{complemento}$.

O que falta para (4) ser considerada uma frase gramaticalmente aceitável em PB é, justamente, a concordância entre os elementos da frase. Com efeito, em todas as modalidades do português, artigo e substantivo devem manifestar os mesmos **traços de gênero**. Assim, por exemplo, [João], sendo um substantivo **masculino**, não pode ser antecedido por um artigo **feminino** como [a]. Por sua vez, os **traços de número** não são, em PB, compartilhados entre artigo e substantivo de maneira tão rígida como os de gênero. Na verdade, uma das mais evidentes características do português do Brasil é a variabilidade das regras de concordância de número em constituintes nominais e verbais. Nas modalidades da língua consideradas não padrão, a expressão do **plural** em sequências compostas por artigo e substantivo se dá normalmente apenas no artigo, porém não no substantivo, que permanece em sua forma de **singular**, sem, portanto, manifestação de concordância: [os amigo]. Já nas modalidades padrão, sobretudo em gêneros formais e escritos, o número plural é quase sempre marcado nas duas palavras, veiculando, assim, concordância: [os amigos]. Para um sintaticista, o interessante nesse caso é identificar as regras subjacentes ao uso variável da concordância verbo-nominal no PB. Por exemplo, em nenhuma modalidade dessa língua a expressão do plural é feita somente no substantivo e não no artigo: *[o amigos]. Tal restrição, dentre outras, revela que a concordância de número não é estabelecida de modo aleatório pelos falantes brasileiros, mas, antes, é também regida por regras e princípios.

> Para uma discussão sobre as modalidades da língua portuguesa no Brasil, veja *Para conhecer sociolinguística* e *Para conhecer norma linguística*, desta coleção.
> O PB é uma língua fortemente marcada pela concordância verbal e nominal variável. Embora nem sempre estejam conscientes disso, os falantes das variedades padrão da língua também produzem e compreendem normalmente sequências nominais sem concordância, como [Os amigo da Maria], [Minhas nota] etc., bem como sequências verbo-nominais sem concordância, como [Os amigo de Maria conhece...].

A comparação de fenômenos sintáticos entre diferentes línguas é especialmente importante para um sintaticista. Com base no método comparativo, ele poderá descobrir como certos parâmetros sintáticos ou morfossintáticos se manifestam ou não da mesma maneira em idiomas distintos. Por exemplo, em inglês, o número plural na sequência [artigo + substantivo] é expresso num padrão estrutural sem concordância oposto ao encontrado no PB não padrão. Naquela língua, o plural deve ser marcado apenas no substantivo e não no artigo: [the friends] *versus* *[thes friend]. Já no francês falado padrão, o plural sem concordância se expressa somente no artigo, mas não no substantivo – tal como ocorre nas variedades não padrão do PB. Noutras línguas, como nos diferentes dialetos do chinês, um fenômeno como a concordância de gênero e de número simplesmente não existe. Nesses casos, a distinção entre masculino e feminino ou entre singular e plural é feita no componente pragmático – e não na interação da sintaxe com a morfologia. Conhecer as diferenças sintáticas entre as línguas é importante para compreendermos a variabilidade da sintaxe dentro de uma mesma língua específica.

O sintaticista é, portanto, um estudioso que se dedica a **observar**, **descrever** e **explicar** as regras e os princípios gramaticais que subjazem aos fenômenos sintáticos das línguas naturais, tais como ordem e concordância. O propósito do presente volume da coleção "Para Conhecer" é apresentar ao leitor os fundamentos do fazer desse tipo de linguista, suas ferramentas básicas de análise e suas opções teóricas e metodológicas mais produtivas.

Se nosso objetivo for alcançado, este livro servirá a estudantes e professores universitários como uma introdução teoricamente "neutra" ao estudo da Sintaxe. Isto é, este volume iniciará o leitor aos principais temas da Sintaxe sem se limitar a nenhuma teoria sintática específica. Nosso objetivo aqui é apresentar os conceitos-chave dos estudos sintáticos, revisar a nomenclatura sobre funções sintáticas que encontramos nas gramáticas normativas tradicionais e despertar a curiosidade linguística do leitor para a investigação de algumas propriedades sintáticas da língua portuguesa. É verdade que parte do que apresentaremos nos próximos quatro capítulos será influenciado pelos conceitos basilares da **Sintaxe Normativa tradicional**, da **Sintaxe Gerativa** e da **Sintaxe Funcional**. Não obstante, em nenhum momento do livro exigiremos do leitor qualquer conhecimento prévio sobre essas abordagens linguísticas.

Antes de passarmos propriamente ao início deste livro, devemos registrar aqui nosso agradecimento a algumas pessoas: o professor Renato Basso (UFSCar) e a professora Izete Coelho (UFSC) leram todo o manuscrito e colaboraram enormemente com a redação final do trabalho; Luciana Pinsky, nossa editora, foi paciente e receptiva ao nosso projeto, mesmo quando decidimos alterar significativamente toda a estrutura e grande parte do conteúdo do livro; os professores Sergio Menuzzi (UFRGS), Humberto Menezes (UFRJ) e Marcus Maia (UFRJ), nossos orientadores de pós-graduação e possivelmente os principais "culpados" por trabalharmos com Sintaxe hoje, inspiram nossas investigações cotidianas sobre a linguagem e são os responsáveis indiretos por grande parte do conteúdo deste livro; por fim, mas não com menos importância, todos os nossos alunos, que ao longo de décadas vêm nos forçando a ser cada vez mais precisos e, ao mesmo tempo, cada vez mais didáticos na tarefa nada fácil de ensinar Sintaxe de uma maneira cientificamente adequada. Todas as inconsistências no texto, no entanto, são de nossa inteira responsabilidade.

A NOÇÃO DE CONSTITUINTE

Objetivos gerais do capítulo

- Constituintes – discutiremos a noção de constituinte sintático e relacionaremos essa noção às funções sintáticas;
- Hierarquia sintagmática – apresentaremos a estrutura interna dos sintagmas, com as relações entre núcleo, complemento e especificador, bem como suas relações externas, com a adjunção;
- Sintagmas em português – descreveremos quatro tipos de sintagmas em língua portuguesa: sintagma nominal (SN), sintagma verbal (SV), sintagma preposicional (SP) e sintagma adjetival (SA), demonstrando suas constituições hierárquicas internas.

1. UNIDADES DE ANÁLISE: CONSTITUINTES SINTÁTICOS

Vimos, na apresentação deste volume, que a Sintaxe é um nível específico da descrição linguística e que a **unidade mínima** de análise nesse nível é a palavra. Outros níveis descritivos de uma língua dedicam-se ao estudo das unidades inferiores à palavra, como a Fonologia e a Morfologia, mas é somente quando o domínio desses componentes se esgota, com a noção de item lexical pleno, que a descrição sintática tem início. A Sintaxe possui também uma unidade máxima de análise: a **frase**, entendida como **período** ou **sentença**. Acima dessa unidade, têm lugar fenômenos mais complexos da linguagem, tais como o texto e o discurso, os quais, por sua vez, costumam ser objeto de estudo de outros níveis da descrição linguística, como a Pragmática e a Análise Discursiva.

Um fato interessante no estudo da sintaxe é que as unidades mínimas desse componente linguístico (as palavras) não formam diretamente as suas unidades máximas (as frases). Entre um extremo e outro da análise, a Sintaxe opera sobre **unidades intermediárias**, que são denominadas **constituintes** ou **sintagmas**. A rigor, há casos em que uma única palavra pode ser, ela mesma, um constituinte/um sintagma, assim como uma frase, em termos estritos, é também um sintagma. No entanto, é uma convenção entre os estudiosos da Sintaxe reservar o termo "sintagma" às unidades intermediárias da análise – os constituintes maiores do que a palavra e menores do que a frase.

Com efeito, quando estudamos as tradicionais funções sintáticas (conforme veremos no próximo capítulo), devemos atentar que não são as palavras, isoladas, que desempenham as funções sintáticas em uma frase. Via de regra, são os sintagmas – isto é, os agrupamentos de palavras – que desempenham tais funções. Veja a análise da frase a seguir, por exemplo.

(1)   O Pedro sabe que a Terra é redonda.

O sujeito de (1) não é o artigo definido *o* nem o substantivo *Pedro*, mas o constituinte formado pelo conjunto dessas duas palavras: [o Pedro]. Da mesma forma, o predicado é também um conjunto de palavras, isto é, um sintagma, um constituinte: [sabe que a Terra é redonda]. Ao analisarmos as funções sintáticas no interior desse predicado, verificamos que o complemento da forma verbal *sabe* é toda a oração encaixada [que a Terra é redonda], a que, dessa forma, se configura como um novo sintagma, inserido dentro de outro (o predicado). Note, portanto, que as funções sintáticas (sujeito, predicado e objeto, por exemplo) são desempenhadas por sintagmas, isto é, por um conjunto de palavras que estão sob alguma organização. Note, também, que os sintagmas podem ser inseridos dentro de outros sintagmas. Veremos detalhes sobre esse aspecto recursivo dos sintagmas mais adiante, ainda neste capítulo.

Eventualmente, como dissemos, uma única palavra pode ser um constituinte e, dessa forma, será capaz de desempenhar uma função sintática, como é o caso do predicativo do sujeito da oração [que a Terra é redonda]. Aqui, o sujeito da oração encaixada é o sintagma [a Terra], enquanto seu predicativo se expressa simplesmente pelo **nome** adjetivo [redonda].

> Adjetivos e substantivos são subcategorias da categoria "nome". A clássica oposição machadiana – em *Memórias póstumas de Brás Cubas* – entre "defunto autor" (um morto que escreve) e "autor defunto" (um escritor que morreu) bem ilustra que ambos os nomes ("autor" e "defunto") só se distinguem como adjetivo ou substantivo em seu emprego sintagmático. Esse é o caso da grande maioria dos nomes em língua portuguesa. Sobre esse assunto, uma discussão acessível ao leitor pode ser consultada em dois livros do professor Mário Perini: Perini (1989) e (2006).

Repare que, no exemplo (1), [redonda] também é um constituinte, ou seja, um sintagma. Vejamos por quê. Ora, os sintagmas são sempre um **conjunto** e, conforme sabemos da matemática elementar, conjuntos podem ser **unitários** ou até mesmo **vazios** (sem nenhum elemento visível). Nesse caso, o predicativo do sujeito na oração encaixada [que a Terra é redonda] é um sintagma constituído de um único elemento, isto é, trata-se de um conjunto unitário.

> [$_{FRASE}$ O Pedro sabe que a Terra é redonda]
> [$_{SINTAGMA}$ O Pedro] = sujeito (do verbo *saber*)
> [$_{SINTAGMA}$ sabe que a Terra é redonda] = predicado
> [$_{SINTAGMA}$ que a Terra é redonda] = complemento verbal
> [$_{SINTAGMA}$ a Terra] = sujeito (do verbo *ser*)
> [$_{SINTAGMA\ UNITÁRIO}$ redonda] = predicativo do sujeito

A eventual coincidência entre unidade mínima (palavra) e unidade intermediária (sintagma) na análise sintática não deve nos confundir. Assim como [redonda] é, no exemplo, um predicativo do sujeito, seria muito bem possível encontrar [levemente redonda] em seu lugar.

(2)   O Pedro sabe que a Terra é [levemente redonda].

Agora, o predicativo do sujeito é constituído por um conjunto formado por mais de uma palavra, fato que torna mais fácil sua identificação como sintagma: [levemente redonda].

Concentre-se nos pontos centrais acerca dos constituintes de uma frase, que são elencados a seguir.

(i)   são eles que estruturam o período, e não as palavras isoladamente;
(ii) são eles que desempenham funções sintáticas na frase (sujeito, predicado, predicativo do sujeito etc.), e não palavras isoladas;
(iii) eles são denominados *sintagmas* e correspondem normalmente a um conjunto de palavras;
(iv) eles podem ocorrer como sintagmas unitários ou vazios, tal como acontece com os conjuntos da matemática.

Ainda que essencial ao entendimento da sintaxe, a noção de constituinte infelizmente costuma ser ignorada pelos estudos sintáticos de natureza normativa tradicional. Com raras exceções (a gramática de Celso Pedro Luft, *Moderna gramática brasileira*, sendo uma delas), as gramáticas normativas de base tradicional ignoram os constituintes sintáticos que formam as orações e as frases em português.

SINTAXE NORMATIVA TRADICIONAL

Quando falamos de Sintaxe Normativa Tradicional, estamos nos referindo aos estudos sintáticos comumente perpetrados pela tradição das gramáticas normativo-prescritivas que foram, por muito tempo, usadas em salas de aula no ensino de língua portuguesa no Brasil. Um texto que aborda com detalhes o tema é o capítulo "Sintaxe Normativa Tradicional", do professor José Carlos Azeredo (Azeredo, 2015).

Vejamos um exemplo dessa situação. Nas gramáticas normativas tradicionais, um pronome pessoal normalmente é definido como um elemento que pode substituir um nome substantivo. É o que aparece nesta definição que encontramos na gramática de Cegalla (*Novíssima gramática da língua portuguesa*), por exemplo: "Pronomes pessoais são palavras que substituem os nomes e representam as pessoas do discurso" (Cegalla, 1996: 170).

Se essa noção acerca do uso de um pronome pessoal estiver correta e um pronome de fato substituir um substantivo, então poderíamos substituir os substantivos do próximo exemplo pelos pronomes correspondentes, como mostramos a seguir.

(3) Os amigos da Maria conhecem o João.

Substantivos	Pronomes
amigos	eles
Maria	ela
João	ele

Ou seja, se essa definição estiver correta, poderemos substituir os substantivos *amigos* [masculino, plural], *Maria* [feminino, singular] e *João* [masculino, singular], pelos pronomes pessoais correspondentes de 3ª pessoa: *eles* [masculino, plural], *ela* [feminino, singular], *ele* [masculino singular], mantendo a correção gramatical da frase. Contudo, não é isso o que acontece. Repare como as sequências a seguir são malformadas em português.

(4) *Os *eles* da Maria conhecem o João.
(5) *Os amigos da *ela* conhecem o João.
(6) *Os amigos da Maria conhecem o *ele*.

Nenhuma dessas sequências é uma frase bem formada na língua. Isso acontece porque, nesses exemplos, aplicamos uma regra gramatical que não explica adequadamente os fenômenos sintáticos do português – e, na verdade, de nenhuma língua conhecida. Essa regra da Gramática Normativa Tradicional falha justamente por ignorar que as frases de uma língua (unidades máximas da sintaxe) não são estruturadas diretamente por palavras (unidades mínimas), mas, sim, por constituintes sintáticos, os sintagmas (unidades intermediárias). Portanto, ao contrário do que podem dizer alguns gramáticos tradicionais, pronomes não substituem nomes.

Na verdade, pronomes podem substituir sintagmas de valor nominal, isto é, sintagmas cujo núcleo é um nome substantivo, os sintagmas nominais – veremos detalhes sobre os tipos de sintagmas mais à frente, ainda neste capítulo. Por ora, basta dizer que, no caso do exemplo (3), há três constituintes desse tipo: [Os amigos da Maria], [a Maria] e [o João]. Esses três sintagmas possuem a mesma natureza gramatical. Por exemplo, todos eles podem ocupar as funções sintáticas de sujeito e de objeto do verbo. Repare como podemos formar as frases a seguir, em que tais sintagmas estão desempenhando a função de sujeito (7) e de objeto do verbo com preposição (8) ou sem preposição (9).

(7) a. [Os amigos da Maria]$_{sujeito}$ estudam Sintaxe.
b. [A Maria]$_{sujeito}$ estuda Sintaxe.
c. [O João]$_{sujeito}$ estuda Sintaxe.

(8) a. Eu gosto d[os amigos da Maria]$_{objeto}$.
b. Eu gosto d[a Maria]$_{objeto}$.
c. Eu gosto d[o João]$_{objeto}$.

(9) a. Ontem à noite eu vi [os amigos da Maria]$_{objeto}$.
b. Ontem à noite eu vi [a Maria]$_{objeto}$.
c. Ontem à noite eu vi [o João]$_{objeto}$.

Ou seja, estamos aqui diante de agrupamentos de palavras que formam um constituinte sintático, encabeçado por um nome substantivo (um sintagma nominal, portanto). Como dissemos anteriormente, é essa generalização que muitas vezes escapa aos estudos sintáticos de base normativa tradicional. Veja, a seguir, como podemos usar pronomes para substituir sintagmas nominais e obtermos frases gramaticalmente bem formadas na língua, ao contrário do que vimos em (4) a (6).

(10) Os amigos da Maria conhecem o João.

Sintagmas nominais	Pronomes
[os amigos da Maria]	eles
[a Maria]	ela
[o João]	ele

(11) *Eles* conhecem o João.
(12) Os amigos d*ela* conhecem o João.
(13) Os amigos da Maria conhecem *ele*.

Na próxima seção, analisaremos alguns testes e métodos capazes de identificar os diferentes constituintes das frases de uma língua natural.

2. TESTES DE IDENTIFICAÇÃO DE CONSTITUINTES

Substituir constituintes por pronomes é, na verdade, um conhecido teste, em literatura sintática, que usamos justamente para identificar sintagmas nominais. É o chamado teste da *pronominalização*.

> Teste da pronominalização: um constituinte sintático de natureza nominal pode ser pronominalizado (ou seja, substituído por um pronome pessoal).

Além da pronominalização, existem outros testes que capturam ou explicitam nossas intuições linguísticas acerca dos constituintes de uma frase. Vejamos alguns desses **testes de constituintes**, aplicados a dados do português. Tais testes nos permitirão reconhecer de que forma sintagmas da mesma natureza apresentam o mesmo comportamento gramatical.

I) O teste da interrogação

Esse teste é, na prática, um subtipo de pronominalização. No caso, identificaremos um sintagma caso uma palavra (ou uma sequência delas) puder ser substituída por um pronome interrogativo como *quem, o que, quando, onde* etc. No exemplo (11) anterior, o sintagma [Os amigos de Maria] foi pronominalizado pelo item *eles*. Se utilizarmos o teste da *interrogação*, esse mesmo sintagma será substituído pelo pronome *quem*: [[Quem] conhece João?].

II) O teste do deslocamento

Uma das características de um constituinte sintático é poder ser deslocado para diferentes posições ao longo da frase. Apesar de a frase, em português, apresentar a ordem canônica sujeito-verbo-objeto (SVO, como costumamos encontrar na literatura), temos na língua alguma liberdade para mover constituintes para diferentes posições lineares, especialmente quando se trata de elementos de natureza adverbial. Esses deslocamentos não podem ser feitos com palavras isoladas, nem com "pedaços" de constituintes. É isso o que observamos nos exemplos a seguir.

(14) Visitei o meu velho amigo de infância ontem.
(15) [Ontem] visitei o meu velho amigo de infância.
(16) Visitei [ontem] o meu velho amigo de infância.
(17) [O meu velho amigo de infância], visitei ontem.

Em (15), (16) e (17), deslocamos os constituintes [ontem] e [O meu velho amigo de infância] de sua posição original representada em (14). O teste do deslocamento foi, portanto, capaz de revelar que [ontem] e [O meu velho amigo de infância] são sintagmas, uma vez que podemos mover esses constituintes para outras posições na frase. Repare que, quando se trata de sintagmas formados por mais de uma palavra, deslocar apenas uma parte aleatória desse constituinte tornará a sequência agramatical em português.

(18) *[O meu velho] ontem visitei [amigo de infância].
(19) *[De infância] ontem visitei [o meu velho amigo].

A impossibilidade de deslocamento representada em (18) e (19) nos indica que [o meu velho] e [de infância] não são constituintes independentes a ponto de poderem ser deslocados, pois estão inseridos noutro constituinte maior, como parte constitutiva dele. Ao deslocarmos tais fragmentos, estamos "rompendo" a unidade de um constituinte sintático, fato que provoca a agramaticalidade atestada em (18) e (19). Dado que um constituinte se comporta como uma única unidade sintática, essa operação de movimento exige que o respectivo constituinte seja deslocado em sua integralidade.

III) O teste da clivagem

Clivagem é uma operação sintática formada pela sequência:

[forma do verbo *ser*] + [constituinte clivado] + [partícula *que*].

Ou seja, uma construção clivada apresenta um constituinte "ensanduichado" entre um verbo como *É...* (ou *Foi...*) e o item *que...* (ou *quem*, em algumas circunstâncias), conforme vemos a seguir.

(20) **Foi** o João **que** leu *Os Lusíadas* nas férias.
(21) **É** o Leonardo **que** sabe grego antigo.

O interessante dessa operação é que só é possível clivar constituintes sintáticos, mas não palavras isoladas. Trata-se, portanto, de um bom teste para identificação de sintagmas. Vejamos mais alguns exemplos.

(22) Foi [o João] que leu *Os Lusíadas* nas férias.
(23) Foi [*Os Lusíadas*] que o João leu nas férias.
(24) Foi [nas férias] que João leu *Os Lusíadas*.
(25) É [o Leonardo] que sabe grego antigo.
(26) É [grego antigo] que o Leonardo sabe.

Não é possível clivar elementos maiores do que um constituinte e tampouco "quebrar" um constituinte para clivar apenas uma de suas partes internas, tal como a má-formação dos exemplos seguintes atesta.

(27) ?? Foi [*Os Lusíadas* nas férias] que o João leu.
(28) ?? É [grego] que o Leonardo sabe clássico.

Essas duas últimas frases soam um tanto estranhas, mas é possível que uma pronúncia e um contexto bem específicos possam legitimar sua aceitabilidade. É por isso que, seguindo notação corrente entre sintaticistas, marcamos essas frases com dois pontos de interrogação (??). Vimos que as sequências malformadas na língua (agramaticais) foram, até agora, assinaladas com um asterisco (confira os exemplos agramaticais das páginas anteriores). Já se a frase soa estranha, mas sua aceitabilidade é duvidosa, podemos marcá-la com um ponto de interrogação ou dois (conforme o maior ou menor grau de estranhamento da frase).

GRAMATICALIDADE E ACEITABILIDADE

Ao estudarmos sintaxe, seguidamente queremos saber se tal construção "é boa" na língua ou não; se tal frase é "estranha", "gramatical", "agramatical", "aceitável" ou "inaceitável". Como já anunciamos, usaremos, ao longo deste livro, a notação tradicional de marcar com um asterisco (*) as sequências que julgamos agramaticais em português, ou seja, aquelas sequências de palavras que julgamos não fazer parte de nenhum dialeto do português. São sequências de palavras que violam regras ou princípios sintáticos e provavelmente não seriam aceitas como exemplares de frases por nenhum falante nativo da língua. Também usaremos a notação tradicional de marcar frases estranhas (ou marginais) com um ponto de interrogação ou dois, a depender do grau de estranheza que julgamos que a construção tenha. Uma boa discussão sobre os conceitos de gramaticalidade e aceitabilidade em Linguística pode ser conferida no livro *Os fundamentos da teoria linguística de Chomsky*, do professor Max Guimarães (Guimarães, 2017).

Considerando-se que a construção clivada tem o papel de "realçar" ou "enfatizar" um elemento da frase, poderíamos pensar num contexto em que (27) e (28) pudessem ser aceitáveis. Por exemplo, no diálogo a seguir, isso nos parece possível.

(29) a. Ei, eu ouvi dizer que o João leu *A Ilíada* durante o mês de provas.
   b. Não, não foi nada disso. Foi [*Os Lusíadas* nas férias] que o João leu e não *A Ilíada* durante as provas.

Nesse caso, contudo, note que a clivagem se aplica, na verdade, sobre dois constituintes e não apenas um: [*Os Lusíadas*] e [nas férias]. Se aplicarmos um dos outros testes que até agora já conhecemos, essa intuição ficará bem clara.

Interrogação:
O João leu [*Os Lusíadas*] nas férias → O João leu [o que] nas férias?
O João leu *Os Lusíadas* [nas férias] → O João leu *Os Lusíadas* [quando]?

Deslocamento:
O João leu *Os Lusíadas* nas férias
→ [Nas férias], o João leu *Os Lusíadas*.
→ O João, [nas férias], leu *Os Lusíadas*.
→ O João leu [nas férias] *Os Lusíadas*.
→ [*Os Lusíadas*] o João leu nas férias.

Efeito semelhante tem a frase (30): podemos imaginar um diálogo em que (28) parece ser usada com menos estranhamento.

(30) a. O Leonardo conhece grego moderno e latim clássico.
   b. Não é nada disso! É [grego] que o Leonardo sabe clássico. E não latim.

A função informacional da construção clivada (um fenômeno semântico-pragmático) pode "embaçar" um pouco a clareza dos testes de identificação de constituintes sintáticos. Por isso, é fundamental conhecermos diferentes testes. A depender da frase específica, um teste pode revelar-se mais adequado do que outros.

> **CLIVADAS E ORDEM DOS CONSTITUINTES NA FRASE**
>
> As construções clivadas têm uma rica história de investigação em português. Aqui, usamos as clivadas apenas como um "instrumento" para diagnosticar constituintes. Para saber mais sobre as construções clivadas e seu papel na articulação informacional discursiva, remetemos o leitor a Modesto (2001, 2003).
>
> A ordem dos constituintes na frase muitas vezes tem motivações **funcionais**. Isso quer dizer que a organização sintática dos elementos de uma frase é também o resultado de exigências comunicativas e de natureza informacional. Elaboramos mais sobre esse assunto no último capítulo, na seção destinada à **Sintaxe Funcional**.

IV) O teste da interpolação

Vimos que, na língua portuguesa, podemos deslocar elementos na frase, com alguma liberdade, desde que esses elementos sejam constituintes sintáticos independentes. Tais elementos deslocados "se movem" de sua posição original para outra na frase. Considerando-se isso, o que o teste da interpolação vai nos mostrar é que o "lugar de pouso" de um constituinte deslocado não pode ser o interior de outro constituinte. Para ilustrar tal restrição, retomemos os exemplos (15), (16) e (17).

(15) [Ontem] visitei [o meu velho amigo de infância].

Abaixo, deslocaremos [ontem] para duas posições distintas, nas frases (16) e (17), ambas às margens do sintagma nominal [o meu velho amigo de infância].

(16) Visitei [ontem] [o meu velho amigo de infância].
(17) Visitei [o meu velho amigo de infância] [ontem].

Entretanto, não podemos deslocar [ontem] para interior de [o meu melhor amigo de infância]. Observe, nos exemplos a seguir, como, caso essa inserção seja feita, tais construções resultam em sequências gramaticalmente malformadas.

(31) *Visitei [o [ontem] meu velho amigo de infância].
(32) *Visitei [o meu [ontem] velho amigo de infância].

(33) *Visitei [o meu velho [ontem] amigo de infância].
(34) *Visitei [o meu velho amigo [ontem] de infância].
(35) *Visitei [o meu velho amigo de [ontem] infância].

Vemos aqui que não é possível inserir um constituinte em outro de tal maneira que a integridade do segundo seja afetada. A interpolação é, portanto, um teste útil para verificarmos a extensão de um sintagma, dado que não podemos mover um constituinte alheio para o seu interior.

V) O teste da elipse

O teste da elipse é também útil na identificação de constituintes sintáticos. Para realizá-lo, basta omitir uma palavra (ou uma sequência delas) numa estrutura coordenada, fazendo com que essa palavra ou sequência não seja foneticamente produzida e tenha de ser inferida. Quando é possível fazer esse tipo de omissão, o constituinte elidido é um sintagma. Vejamos dois exemplos.

(36) a. A Paula [viu a novela] na sala e o João, no quarto.
   b. A Maria [faltou à aula] e o José também.

Em (36a), [viu a novela] sofre elipse na segunda oração, o que indica que esse é um constituinte da frase. A mesma coisa acontece em (36b), quando [faltou à aula hoje] é elidido na oração coordenada, logo depois do advérbio "também".

> A interpretação de (36a) e de (36b) é feita como segue:
> (36) a. A Paula [viu a novela] na sala e o João [~~viu a novela~~] no quarto.
>   b. A Maria [faltou à aula] e o José também [~~faltou à aula~~].
>
> Repare como a vírgula é utilizada, em (36a), para marcar a elipse do constituinte, aqui indicada com um risco sobre o constituinte elidido. Trata-se de um uso interessante de um recurso de pontuação, em prol da interpretação sintática (e semântica) da frase.

O importante acerca de todos os testes de identificação de constituintes é que pelo menos um deles funcionará quando precisarmos delimitar os sintagmas numa determinada frase. Por exemplo, numa frase ambígua como (37a), é possível usar o teste da interrogação (ou outro) de modo a identificar as duas estruturas sintáticas possíveis.

(37) a. O Supremo julgou o deputado inocente.
b. O Supremo julgou quem inocente? (*o deputado*)
c. O Supremo julgou quem? (*o deputado inocente*)

A ambiguidade em (37a) reside no fato de não sabermos se [o deputado inocente] foi julgado ou se [o deputado] foi julgado e o veredito desse julgamento foi [inocente]. Em (37b), a interrogação feita sobre o sintagma [o deputado] indica que [inocente] é, na verdade, outro sintagma, independente de [o deputado]. Por sua vez, em (37c), interrogamos todo o constituinte [o deputado inocente], substituindo-o pelo pronome [quem]. Isso indica que, nesse caso, [o deputado inocente] é um único sintagma – dessa maneira, a inocência é apresentada como uma característica inerente ao deputado e nada se diz sobre qual foi o julgamento do Supremo, se culpado ou inocente. Experimente realizar os testes da pronominalização e da clivagem com o exemplo (37) para perceber ainda mais claramente o efeito de ambiguidade estrutural dessa frase.

Agora que sabemos o que é um constituinte e aprendemos a identificá-lo, vejamos a estrutura interna de quatro tipos de constituintes sintáticos do português, os sintagmas nominal, verbal, preposicional e adjetival.

SOBRE A REALIDADE PSICOLÓGICA DE UM CONSTITUINTE SINTÁTICO

Mais do que apenas ser uma "noção gramatical", os constituintes sintáticos são fenômenos gramaticais que têm sua realidade psicológica atestada. Isso quer dizer que os falantes reconhecem, intuitiva e inconscientemente, um constituinte e sabem manipulá-lo. Foi o que tentamos mostrar com os testes anteriores, por exemplo.

Outra evidência empírica sobre a existência dos constituintes sintáticos foi apresentada nos trabalhos clássicos de Fodor e Bever (1965) e Garret, Bever e Fodor (1966). Os autores apresentaram frases com sequências de palavras idênticas, como *eu lia um livro do José de Alencar*, a diversos informantes. Em algumas frases, essa sequência de palavras formava um constituinte – como em (a) –, em outras não – como em (b).

a. Enquanto [eu lia um livro do José de Alencar] minha irmã telefonou.
b. Enquanto [eu lia] [um livro do José de Alencar caiu da estante].

> Os informantes ouviam frases como essas usando um fone de ouvido. Num dado momento, os pesquisadores "disparavam" um ruído de "clique", no meio da frase. Quando o clique era ouvido no interior de um constituinte, muitos informantes ficavam com a impressão de terem ouvido o ruído na fronteira do constituinte (e não dentro dele). O experimento mostrou que ruídos externos à comunicação costumam ser interpretados nas fronteiras dos constituintes sintáticos, atestando a existência de um constituinte em sua unidade e atestando a percepção, ainda que inconsciente, que os ouvintes têm de constituintes sintáticos formando uma frase.

3. SINTAGMAS EM PORTUGUÊS

A existência dos sintagmas, como unidade intermediária entre as palavras e a frase, evidencia uma propriedade fundamental da sintaxe das línguas naturais: a **hierarquia**. Com efeito, as palavras encontram-se estruturadas em sintagmas, os quais se organizam dentro de outros sintagmas, de maneira recursiva, até que o sintagma final da estrutura (a frase) seja constituído. Essa organização no interior dos sintagmas é o que denominamos de hierarquia.

O aspecto mais básico da hierarquia dos sintagmas é que todos eles são organizados em função de seu **núcleo**: um sintagma é sempre um constituinte endocêntrico – isto é, um constituinte estruturado em função de um núcleo que determina sua categoria –, mesmo que se trate de um sintagma unitário ou de um sintagma nulo/vazio. Representamos isso na ilustração a seguir. Comece a ler a figura de baixo para cima e perceba que o núcleo é hierarquicamente inferior ao sintagma que lhe é superior.

Os quatro tipos de núcleo que definem os principais **sintagmas lexicais** da língua portuguesa são estabelecidos por sua categoria morfológica. Assim, temos **SN**, o sintagma nominal (nucleado por um nome substantivo); **SV**, o sintagma verbal (nucleado por um verbo); **SP**, o sintagma preposicional (cujo núcleo é uma preposição); e **SA**, o sintagma adjetival (encabeçado por um nome adjetivo). Podemos ver, na figura a seguir, que o tipo morfológico do núcleo projeta a natureza do sintagma superior.

Na hierarquia interna a cada um desses tipos de constituinte, o núcleo do sintagma pode estabelecer até duas relações estruturais com outros elementos: o complemento e o especificador.

4. COMPLEMENTO DO NÚCLEO

O núcleo, como vimos, pode ser o único elemento constitutivo de um sintagma. Na maioria das vezes, no entanto, um núcleo sintagmático estabelece relações sintáticas com outros elementos. Por exemplo, aprendemos, na escola básica, nas aulas sobre transitividade verbal, que certos verbos podem selecionar algum tipo de **complemento**. O conjunto formado pelo núcleo verbal e seu complemento constituirá, portanto, um sintagma, o SV. Na verdade, ao contrário do que pode sugerir esse tratamento especial dispensado, na Sintaxe Normativa Tradicional, à transitividade dos verbos, selecionar um complemento é uma propriedade que pode se manifestar em qualquer tipo de núcleo: V, N, P ou A. Essa generalização (qualquer núcleo de sintagma pode ter um complemento) é ilustrada na seguinte figura.

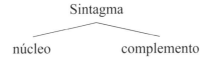

Em português, o complemento de um núcleo é normalmente posicionado à sua direita (isto é, núcleos antecedem complementos), porém é possível modificar essa ordenação aplicando-se, por exemplo, uma **regra de movimento**, de modo a deslocar um complemento para alguma posição linear anterior a seu respectivo núcleo. Noutras línguas (por exemplo, o japonês), verifica-se um padrão inverso: núcleos sucedem complementos.

No início deste capítulo, mencionamos que os constituintes se organizam, na frase, uns dentro dos outros, de maneira recursiva. Essa noção ficará mais explícita agora, quando respondermos à seguinte questão: que tipo de elemento pode ser o complemento de um núcleo sintagmático? Ora, um complemento de núcleo é sempre um novo constituinte, isto é, um novo sintagma (ou até mesmo uma oração, como as subordinadas substantivas, que veremos com detalhe no capítulo "Articulação entre orações"). Na hierarquia dos constituintes, um núcleo projeta, para cima, um sintagma, de acordo com a sua categoria morfológica, ao mesmo tempo em que, se for o caso, seleciona, à sua direita, outro sintagma, como seu complemento. Vemos isso representado na figura que se segue.

Para exemplificar o que acabamos de dizer, tomemos um núcleo como [comprar]. Ele projetará um SV, uma vez que se trata de um núcleo V. Tal núcleo verbal específico tem a característica de ser transitivo direto e, assim, seleciona como complemento um SN. Suponhamos que esse SN seja um sintagma unitário, com o núcleo [livros]. Nesse caso, o SV [comprar livros] será constituído pelo núcleo [comprar] e pelo complemento [livros]. Essa estrutura hierárquica pode ser visualizada em **colchetes etiquetados**, conforme se segue.

[$_{SV}$ comprar [$_{SN}$ livros]]

Nesse tipo de representação, o início de um sintagma é indicado com a abertura de um colchete e o apontamento imediato de sua categoria, com a sigla subscrita. O sintagma se encerra quando seu colchete é fechado. Entre um colchete (abertura) e outro (fechamento), pode haver outros colchetes que abrem e fecham sintagmas no interior do sintagma máximo da hierarquia. É o que vimos anteriormente, com o SN que se insere no SV. Note que a ilustração em colchetes não explicita a categoria do núcleo dos sintagmas, além de poder ser de difícil interpretação no caso de sintagmas muito complexos. É por essa razão que muitos sintaticistas preferem ilustrar as estruturas sintagmáticas por meio de **árvores**, as chamadas **estruturas arbóreas**, ou **representações arbóreas**, ou **árvores sintáticas**. Nesse tipo de ilustração, os núcleos são sempre representados. Um galho para cima do núcleo indicará uma ramificação sintagmática. Um complemento, se houver, estará representado na mesma ramificação do núcleo, como se fosse seu irmão, à direita. Numa estrutura arbórea, um SV como [comprar livros] receberá a seguinte representação.

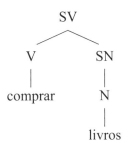

Vemos aqui que [comprar] é um núcleo de natureza V, que projeta, portanto, um nódulo SV. Na ramificação de SV para V, encontramos um sintagma irmão, o SN [livros], que, assim, se caracteriza como complemento de V. Esse novo sintagma, por sua vez, possui sua própria estrutura interna, que, no caso, é bastante simples, por se tratar de um conjunto unitário: ele só possui seu núcleo N.

Mais à frente, ainda neste capítulo, apresentaremos detalhes sobre a recursividade de combinação entre constituintes. Por ora, vejamos outro tipo de elemento que pode existir no interior de um constituinte e estabelecer relações sintáticas com um núcleo de sintagma: o especificador.

> Há mais de uma maneira de analisar a estrutura interna de uma frase ou de um sintagma usando árvores sintáticas. O que as árvores mostram – e que, via de regra, escapa à gramática normativa tradicional – é que há uma hierarquia de organização dos elementos que constituem as frases e seus constituintes. Pelo caráter introdutório deste livro, apresentaremos árvores relativamente "planas" e não nos concentraremos nos detalhes de hierarquia entre os constituintes. Para estudos, em português, um pouco mais avançados nesse sentido, remetemos o leitor a Othero (2006), Mioto et al. (2013) e Kenedy (2013).

5. ESPECIFICADOR DO NÚCLEO

Imagine um sintagma como [muitos livros]. É fácil identificar a sua categoria: SN, dado que o núcleo [livros] é um nome substantivo N. Repare que tal sintagma não possui complemento, uma vez que selecionar esse tipo de constituinte não é uma característica específica do item [livros]. Na hierarquia desse sintagma particular, qual seria a natureza da palavra [muitos]?

A resposta a essa pergunta é útil para nos demonstrar o segundo tipo de relação estrutural que se estabelece no interior de qualquer sintagma: a relação entre um núcleo e seu **especificador**: [muitos] é especificador de [livros].

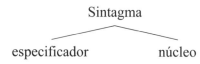

Em português, os especificadores tipicamente antecedem o núcleo, posicionando-se à sua esquerda. Entretanto, como já mencionamos, o português possui uma ordenação sintática linear relativamente flexível; dessa maneira, em certos casos, um especificador pode ser linearizado depois de seu núcleo. Noutras línguas, podemos encontrar um padrão perfeitamente inverso: especificadores sucedem seus núcleos e podem ser movidos para posições lineares anteriores a eles.

Voltando à língua portuguesa, vemos, na estrutura que se segue, mais uma vez, a hierarquia de um SV: [li muitos livros]. Esse SV é projetado pelo núcleo V, que, nesse caso específico, não possui especificador e seleciona, à direita, um complemento SN. Tal SN, por sua vez, está organizado em função de seu núcleo N, que é antecedido por um especificador (abreviado "esp"). Como sabemos, o item [livros] não tem a propriedade de selecionar complemento, logo o SN na árvore sintática que segue só possui a relação sintática especificador + núcleo.

Um especificador pode desempenhar diferentes tipos de relações gramaticais com o seu núcleo, a depender da categoria morfológica desse. Por exemplo, pode exercer a função de determinante nos SNs e, assim, ser preenchido por um artigo, ou por um dos diferentes tipos de pronomes, ou ainda por um numeral (ex. [os livros], [muitos livros], [aqueles livros], [dez livros]). No SV, um especificador pode funcionar como modificador adverbial (ex. [quase comprei], [não comprei], [certamente comprarei]), o mesmo ocorrendo no âmbito dos SPs (ex. [quase sem nenhum dinheiro], [sempre com muitos amigos]). Nos SAs, especificadores expressam noções como grau (ex. [muito alto], [pouco cansado]) e circunstâncias (ex. [silenciosamente satisfeito]).

Já sabemos que, na estrutura interna dos constituintes, haverá um núcleo sintagmático que poderá estabelecer uma relação sintática com um complemento (à direita) ou com um especificador (à esquerda). O que acontecerá quando um determinado núcleo, porventura, receber um especificador e, ao mesmo tempo, selecionar também um complemento, compondo, desse modo, duas relações sintáticas dentro de um mesmo constituinte? Veremos isso na próxima seção.

6. ESPECIFICADOR, NÚCLEO E COMPLEMENTO

Um constituinte sintático pode manifestar, além de seu núcleo, a presença de um complemento e também de um especificador. É o caso do sintagma [nunca vi um unicórnio]. Temos aqui um SV, cujo núcleo é o verbo flexionado [vi]. Esse item seleciona como complemento o SN [um unicórnio] e é modificado pelo especificador [nunca]. Trata-se, portanto, de um constituinte complexo, cujas três posições hierárqui-

33

cas (especificador, núcleo e complemento) encontram-se preenchidas. Analise a representação a seguir e procure identificar a estrutura que acabamos de descrever.

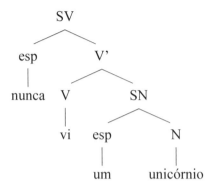

Note que o núcleo V possui um complemento à direita e um especificador à esquerda. Para representar, numa árvore sintática, essas duas relações, usamos o artifício gráfico de repetir a identificação no núcleo e marcar a segunda ocorrência com uma pequena barra (um traço) de seu lado superior direito. Nesse exemplo, temos o núcleo V, que seleciona um SN como complemento, e temos V' (pronuncia-se V-barra ou V-linha), que sofre uma especificação (esp). Essa representação é, inclusive, importante para nos informar que a modificação feita pelo especificador se dá sobre o composto [núcleo + complemento], no nível indicado com a barra, e não somente sobre o núcleo isolado. Por exemplo, veja que na frase [O João [quebrou o vaso]], o SN sujeito (que ocupa, portanto, a posição de especificador) é um sujeito *agente*. No entanto, na frase [O João [quebrou a perna]], com o mesmo SN sujeito e com o mesmo verbo *quebrar*, o sujeito é *paciente*. Quem atribui esse "papel semântico" ao sujeito não é, portanto, apenas o verbo, mas sim o V', isto é, o agrupamento formado pelo verbo mais seu complemento.

Repare também que [nunca] ocupa a posição de especificador do SV, porém não é o *sujeito* do verbo. Os sujeitos são SNs que são movidos para fora do **domínio** do SV, uma vez que o SV corresponde, via de regra, ao predicado de uma frase. Por isso, poderíamos ter um sujeito (expresso ou nulo) na seguinte estrutura: [$_{FRASE}$ [$_{SN}$ eu/Ø] [$_{SV}$ nunca vi um unicórnio]].

Na figura que segue, apresentamos essa generalização de maneira abstrata, ou seja, sem fazer referência a nenhum sintagma específico.

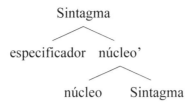

A duplicação da representação de um núcleo, diferenciado de sua primeira ocorrência pelo uso da barra, ocorre sempre que um núcleo sintagmático qualquer (N, V, P ou A) possuir mais de uma relação sintática, seja com a presença de especificador e de complemento, seja com a presença de mais de um complemento – como no caso dos verbos bitransitivos. Quando um núcleo for o único constituinte de um sintagma, ou quando ele mantiver relação com somente um elemento (especificador ou complemento), não precisaremos recorrer à representação com a barra. Perceba que é isso o que acontece no interior do SN da figura no início da presente seção. Nele, o núcleo N só manifesta um tipo de relação sintática, a relação com o seu especificador.

> Na literatura linguística, o conjunto das relações entre um núcleo sintático, seu especificador e seu(s) argumento(s) é denominado **estrutura argumental**. Nesse tipo de estudo, um núcleo lexical (N, V, P ou A) que manifesta a propriedade de selecionar elementos identifica-se como **predicador**, ao passo que os elementos por esse predicador selecionados (complemento e/ou especificador) são chamados de **argumentos**. Para mais detalhes acerca das relações sintáticas entre um predicador, seu(s) complemento(s) (argumento(s) interno(s)) e seu especificador (argumento externo), sugerimos a leitura de Mioto et al. (2013) e Kenedy (2013).

Na próxima seção, trataremos dos **adjuntos** e veremos como eles se encaixam na estrutura sintática da oração, tal como elaboramos aqui.

7. ADJUNÇÃO

Uma vez estruturado por suas relações internas, um sintagma ainda poderá ser combinado com outro constituinte, dando origem a um novo sintagma, mais complexo. Quando isso acontece, estamos diante do fenômeno da **adjunção**. Sintagmas podem ser adjuntos uns dos outros de maneira livre nas línguas naturais. Perceba, na figura a seguir, que a adjunção não ocorre entre um sintagma e um núcleo. As relações entre um núcleo, seu complemento e seu especificador são, como vimos, mais rígidas e se estabelecem no interior de um dado sintagma. Na adjunção, ao contrário, encontramos sintagmas **adjungidos** um ao outro, tal como representamos a seguir.

Essa árvore abstrata deve ser interpretada da seguinte maneira: o sintagma inferior da esquerda recebeu como adjunto um novo sintagma, à sua direita; da adjunção entre esses dois sintagmas, um novo constituinte foi projetado, o sintagma superior, que contém os outros dois abaixo de si. É somente nas relações internas de cada um dos sintagmas que foram adjungidos que encontraríamos as relações entre um núcleo e eventuais especificador e complemento.

Para exemplificar mais concretamente, tomemos o sintagma [nunca vi um unicórnio no carnaval]. Já sabemos que [nunca vi um unicórnio] é um SV. A esse sintagma se adjunge o SP [no carnaval] – que se caracteriza como tal em função de seu núcleo P, a preposição [em] que aparece amalgamada ao artigo [o], resultando na contração [no]. Tal contração é, na verdade, um fenômeno morfofonológico. Por essa razão, nas representações sintáticas, recuperamos a categoria morfológica dos itens amalgamados para representar sua posição em uma estrutura sintagmática. Assim, [em] figura como núcleo do SP, enquanto [o] é o especificador do SN selecionado como complemento de P.

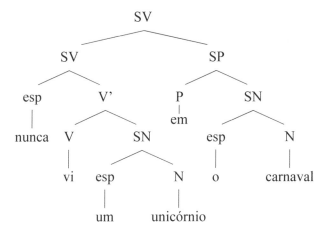

Essa figura ilustra que o SV [nunca vi um unicórnio] recebeu como adjunto o SP [no carnaval]. O resultado dessa adjunção é um novo SV, cuja estrutura interna é SV + SP: [nunca vi um unicórnio no carnaval]. O sintagma projetado pela adjunção entre SV e SP é um novo SV porque foi um SV que recebeu a adjunção de um SP – ou seja, é o SP que é o adjunto, e não o contrário. Dizendo de outra forma, o constituinte [nunca vi um unicórnio no carnaval] é um SV, e não um SP.

8. RECURSIVIDADE

A figura anterior nos permite compreender uma das características mais importantes dos constituintes sintáticos, a **recursividade** (ou **recursão**). Sintagmas podem ser inseridos dentro de outros de uma maneira recursiva, isto é, em número ilimitado de vezes. Por exemplo, vimos, na ilustração anterior, um SP inserido num SV, ao mesmo tempo em que dentro desse SP se encaixa, como complemento de P, um SN. Poderíamos complexificar essas estruturas muito mais. Seria possível, digamos, que o N, núcleo do SN complemento de P, fosse uma palavra transitiva e, assim, selecionasse um novo sintagma como complemento. Na realidade, mesmo ao final de uma frase complexa, poderíamos inseri-la numa outra, na forma de um de seus constituintes. Nesse caso, tal frase deixaria de ser apenas "uma frase" e passaria a ser uma oração encaixada: [eu disse que [nunca vi um unicórnio no carnaval]]. E poderíamos inserir essa nova frase dentro de outra: [o João acha que [eu disse que [nunca vi um unicórnio no carnaval]]. Essa, por sua vez, poderia também ser inserida dentro de outra, como [a Maria disse que [o João acha que [eu disse que [nunca vi um unicórnio no carnaval]], e assim sucessivamente. Veremos mais sobre a combinação entre orações no capítulo "Articulação entre orações".

A recursividade é um fenômeno pervasivo na linguagem humana. Na sintaxe, ela é especialmente relevante porque nos permite construir um número ilimitado de frases na língua que dominamos, cada qual com um conteúdo semântico-pragmático específico.

Agora que já conhecemos a hierarquia dos constituintes sintáticos e podemos reconhecer suas relações internas (núcleo, complemento e especificador) e externas (adjunção), passemos a analisar exemplos dos principais sintagmas lexicais da língua portuguesa. Comecemos pelo SN.

9. SINTAGMAS NOMINAIS

Como já vimos, um SN pode desempenhar a função sintática de sujeito ou de objeto direto, por exemplo.

Sujeito	Predicado
[$_{SN}$ Ele]	
[$_{SN}$ O Pedro]	
[$_{SN}$ A minha amiga]	acabou de chegar.
[$_{SN}$ O amigo da prima do tio do José]	
[$_{SN}$ A menina que estudava Sintaxe escondida da mãe]	

Sujeito	Predicado	
	Verbo	Objeto direto
Eu	amo	[$_{SN}$ ele]
		[$_{SN}$ o Pedro]
		[$_{SN}$ a minha amiga]
		[$_{SN}$ o amigo da prima do tio do José]
		[$_{SN}$ a menina que estudava Sintaxe escondida da mãe]

Analisando os exemplos, podemos descrever diferentes tipos de SN. Na verdade, vários estudos já fizeram isso – veja Lemle (1984), Lobato (1986), Souza e Silva e Koch (1993), Perini (1996) e Othero (2014) para introduções à descrição sintática básica do SN em português brasileiro. Por isso, façamos uma descrição do SN baseada nesses estudos.

$$SN \rightarrow \left\{ \begin{array}{c} (esp) \quad (SA) \quad N \quad (SA) \quad (SP) \quad (\text{oração}) \\ pron \\ \emptyset \end{array} \right\}$$

Essa regra, denominada **regra de reescritura** (ou de **reescrita**), é uma maneira explícita de descrever a estrutura interna mais complexa que um SN pode ter. Para compreendermos tal regra, precisamos nos familiarizar com um pouco de notação gramatical. Façamos isso em partes.

O que a regra quer dizer, inicialmente, é que o único elemento que sempre aparecerá em todos os SNs é o seu núcleo N. Todos os demais elementos constitutivos de um sintagma (complementos, especificadores e adjuntos) podem simplesmente não ocorrer num SN específico – é essa opcionalidade que se representa com os parênteses entre os outros constituintes inseríveis nesse tipo de sintagma.

Além disso, a regra nos aponta que o núcleo do SN nem sempre será um nome substantivo explícito. Em seu lugar, como já sabemos, pode ocorrer um pronome (indicado em "pron") ou um elemento nulo (o conjunto vazio, indicado por "Ø"). Dessa maneira, o SN mínimo possível pode receber uma das reescrituras formalizadas a seguir.

SN → N
Exemplos: [$_N$ livros], [$_N$ Paulo], [$_N$ Maria], [$_N$ felicidade]...
SN → pron
Exemplos: [$_{pron}$ eu], [$_{pron}$ vocês], [$_{pron}$ ele], [$_{pron}$ elas], [$_{pron}$ quem], [$_{pron}$ isso]...
SN → Ø

Para ilustrar o caso de SNs pronominais ou nulos, na função de sujeito ou de objeto direto, considere as seguintes frases.

(38) pergunta: Você viu o João?
 resposta 1: [$_{pron}$ Ele] acabou de sair.
 resposta 2: [$_{nulo}$ Ø] Acabou de sair.
(39) Sabe o João? Encontrei [$_{pron}$ ele] ontem no cinema.
(40) Sabe o último livro do Chomsky? Comprei [$_{nulo}$ Ø] ontem na livraria.

Em seguida, a regra nos indica que um SN pode ser formado por um especificador, se houver, seguido do núcleo N.

39

SN → (esp) N

Exemplos: [$_{esp}$ o $_N$ Pedro], [$_{esp}$ um $_N$ amigo], [$_{esp}$ aquelas $_N$ gurias], [$_{esp}$ este $_N$ livro], [$_{esp}$ meu $_N$ pai], [$_{esp}$ nenhuma $_N$ guria], [$_{esp}$ qualquer $_N$ amigo], [$_{esp}$ dez $_N$ pessoas]...

Além disso, a regra nos aponta que o SN pode ser formado por um especificador seguido de um SA que é adjungido antes do núcleo N. Esses dois elementos prenominais são, como vimos, opcionais.

SN → (det) (SA) N

Exemplos: [$_{esp}$ um [$_{SA}$ antigo] $_N$ inimigo], [$_{esp}$ aquela [$_{SA}$ grande] $_N$ pessoa], [[$_{SA}$ ótima] $_N$ educação], [[$_{SA}$ belas] $_N$ palavras]...

Um SN, conforme indica a regra, também pode ser formado por adjuntos pós-nominais, como um SA, um SP ou uma oração encaixada (ORAÇÃO), conforme atestamos a seguir.

SN → (esp) N (SA) (SP) (ORAÇÃO)

Exemplos: [$_{esp}$ uma $_N$ história [$_{SA}$ fictícia]], [$_{esp}$ um $_N$ time [$_{SP}$ de futebol]], [$_{esp}$ aqueles $_N$ livros [$_{ORAÇÃO}$ que já li]]...

Exemplo complexo: [$_{esp}$ aquele $_N$ professor [$_{SA}$ maravilhoso [$_{SP}$ de Linguística [$_{ORAÇÃO}$ que conhece histórias fantásticas]]]]...

Chamamos agora a sua atenção para uma limitação das regras de reescrita: elas não são capazes de diferenciar, na estrutura interna dos sintagmas, elementos de natureza opcional (adjuntos) daqueles obrigatórios (complementos). Por exemplo, muitos SNs podem ser nucleados por um nome derivado de um verbo (ex. *invenção*, *invasão*, *compra*, *ida* etc.) e, por isso, manifestarão a propriedade de selecionar um SP ou uma oração (ORAÇÃO) como complemento, ao passo que a maior parte dos Ns não manifestará tal propriedade (ex. *casa*, *escola*, *livro*, *pessoa*, *óculos* etc.). Ora, como poderíamos diferenciar um caso do outro?

Na tentativa de contornar esse problema, Souza e Silva e Koch (1993) propuseram o uso, na regra de reescritura, de uma notação subescrita a SP e a ORAÇÃO com o objetivo de indicar que esses constituintes podem ser, a depender do núcleo nominal específico, adjuntos ou complementos. Por exemplo, em [livro de Maria], o SP [de Maria] é um adjunto do SN unitário [livro], mas já em [descoberta da América] e em [necessidade de que tudo dê certo], o SP [da América] e a ORAÇÃO [de que tudo dê certo] são complementos respectivamente dos núcleos [descoberta] e [necessidade]. Essa distinção seria, segundo as autoras, capturada com a seguinte ampliação da regra.

$$SN \rightarrow \begin{Bmatrix} (esp)(SA) \; N \; (SA) \; (SP_{complemento}) \; (ORAÇÃO_{complemento}) \; (SP_{adjunto}) \; (ORAÇÃO_{adjunto}) \\ pron \\ \emptyset \end{Bmatrix}$$

Tal modificação é útil porque conseguimos, com ela, distinguir, por um lado, os casos de adjunto adnominal *versus* complemento nominal, bem como, por outro lado, os casos de oração adjetiva *versus* oração completiva nominal. Adjuntos adnominais e orações relativas são, respectivamente, SP e orações adjungidos a um SN, enquanto complementos nominais e orações completivas são SP e orações selecionados como complemento de um núcleo N.

A proposta de Souza e Silva e Koch (1993) consegue contornar parcialmente a questão. O problema que permanecerá é, de fato, inerente à natureza das regras de reescrita: elas não são capazes de capturar os casos específicos em que um adjunto ocorrerá numa frase, tampouco podem prever os núcleos particulares que selecionarão complementos. Veremos, a seguir, que essa limitação das regras de reescrita permanecerá também na descrição dos SVs.

10. SINTAGMAS VERBAIS

Um SV é, conforme vimos, o sintagma nucleado por um verbo. Numa sentença qualquer, ele sempre desempenha a função sintática de predicado e contém todos os outros constituintes presentes na frase, com exceção do sujeito e de eventuais vocativos.

Sujeito	Predicado
A aluna	[$_{SV}$ sorriu].
	[$_{SV}$ estudou a matéria da prova].
	[$_{SV}$ gosta de sintaxe].
	[$_{SV}$ está cansada].
	[$_{SV}$ disse que seus pais foram ao exterior durante as férias de verão].

Dessa vez, a velha lição das gramáticas normativas tradicionais está correta. Afinal, o predicado realmente é o conjunto de todos os constituintes de uma frase, para além do sujeito (e do vocativo). Considerando-se que o SV conterá um verbo e os elementos a ele eventualmente relacionados, como complemento(s), especificador(es) e adjunto(s), a estrutura desse tipo de sintagma pode ser bastante variável. A regra de reescrita a seguir nos indica que um SV é formado pelo seu núcleo V e por virtualmente todos os outros tipos de constituintes sintáticos existentes. Alguns desses elementos, como os adjuntos, podem, inclusive, ocorrer mais de uma vez numa mesma sentença.

$$SV \rightarrow \{(esp)\ V\ (SN)\ (SP)\ (SA)\ (ORAÇÃO)\}$$

A riqueza estrutural dos SVs é, como todos os demais fenômenos da sintaxe, regida por regras. Sendo assim, a presença de complementos de V num dado predicado, seja na forma de SN, de SP ou de ORAÇÃO, nunca acontece de modo aleatório. Antes, decorre da natureza do verbo específico que ocupa a posição de núcleo do SV. Essa variabilidade dos predicados em função de um verbo particular é um tema bastante rico nos estudos gramaticais: a **transitividade verbal**. Aprendemos, com esses estudos, que **verbos intransitivos** não selecionam complementos e, assim, podem caracterizar os casos de um SV constituído apenas pelo seu núcleo, isto é, um predicado formado somente pelo verbo, tal como vemos nos exemplos a seguir (note que os SNs citados desempenham a função de sujeito e, dessa forma, não estão contidos no predicado).

SV → V
Exemplos: Meu filho [$_{SV}$ [$_{V}$ nasceu]], Eu [[$_{SV}$ [$_{V}$ chorei]], O menino [$_{SV}$ [$_{V}$ caiu]]...

Os verbos intransitivos – assim como, na verdade, todos os outros tipos verbais – podem ser modificados, à esquerda, por um especificador. É isso o que se captura com a seguinte reescritura:

SV → (esp) V
Exemplos: Meu filho [$_{SV}$ [$_{esp}$ já $_V$ nasceu]], Eu [$_{SV}$ [$_{esp}$ quase $_V$ chorei]], O menino [$_{SV}$ [$_{esp}$ não $_V$ caiu]]...

Por sua vez, **verbos transitivos** se caracterizam por selecionarem pelo menos um complemento. Tradicionalmente, esses tipos de verbo são subclassificados de acordo com a tipologia de seu sintagma complemento: **transitivos diretos**, quando o complemento é um SN, e **transitivos indiretos**, quando o complemento é um SP. Já os verbos que manifestam a particularidade de selecionar dois complementos, um SN e um SP, são chamados **bitransitivos** ou **transitivos diretos e indiretos**.

O complemento de verbos transitivos pode, em muitas ocasiões, figurar na forma de uma oração encaixada, ou seja, em vez de SN ou SP, tais verbos podem selecionar ORAÇÃO à sua direita. Ilustramos, em seguida, cada uma dessas diferentes possibilidades de predicado.

SV → (esp) V (SN) (SP) (ORAÇÃO)
Exemplos: [$_V$ comprei [$_{SN}$ livros]], [$_V$ precisamos [$_{SP}$ de dinheiro]], [$_V$ colocaram [$_{SN}$ o carro [$_{SP}$ na garagem]], [$_V$ disseram [$_{ORAÇÃO}$ que você lê árabe]], [$_{esp}$ não $_V$ ouvimos [$_{SN}$ nada]]...

> A distinção binária entre SV com verbos transitivos e intransitivos é uma simplificação difundida pela gramática normativa tradicional. Na verdade, os chamados verbos intransitivos são, na literatura linguística, compreendidos como verbos monoargumentais, isto é, V que possuem apenas um argumento (sujeito ou objeto). Essa classe verbal distingue os verbos **inergativos**, que selecionam apenas sujeito (ex. *Maria sorriu*), e os verbos **inacusativos**, que selecionam apenas objeto (ex. Maria *chegou*). Para mais informações sobre essas classes de verbo, remetemos o leitor mais uma vez a Mioto et al. (2013) e Kenedy (2013).

Além dos verbos intransitivos e transitivos, os chamados **verbos de ligação** (ou **copulativos**) podem, da mesma forma, nuclear um SV. O interessante é que, diferentemente dos outros tipos de V, esses verbos são categorias mais gramaticais do que lexicais e, por isso mesmo, não se caracterizam como o núcleo de um predicado, pois não realizam predicação, mas somente "relacionam" explicitamente um **predicado nominal** a seu respectivo sujeito, tal como o rótulo ligação/cópula indica. Na realidade, a expressão "predicado nominal", tão cara à Gramática Normativa Tradicional, pode ser enganosa. A ela se opõe outra: **predicado verbal**. Ora, predicados verbais apresentam um elemento verbal como núcleo, fato que nos induz a pensar que o núcleo de "predicados nominais" deve ser necessariamente um nome (SN). Muitas vezes, não é isso o que acontece. Com efeito, nossa tradição gramatical poderia substituir a expressão "predicado nominal" por **predicado não verbal**. Isso deixaria claro que, no predicado verbal, é o núcleo de V, isto é, um verbo, que estabelece a predicação, ao passo que, no predicado não verbal, o predicador da frase é uma categoria diferente de V, ou seja, N, P ou A.

Veja, a seguir, exemplos de predicação não verbal em que um verbo de ligação/copulativo apenas insere, na frase, elementos de natureza gramatical (como flexão e aspecto) ao "ligar" o núcleo do predicado SN, SP ou SA a um sujeito, que aqui deixamos sempre oculto.

SV → (esp) V (SN) (SP) (SA)

Exemplos: [$_V$ é [$_{SN}$ uma grande pessoa]], [$_V$ estou [$_{SP}$ em casa]], [$_V$ parece [$_{SA}$ feliz]], [$_{esp}$ nunca $_V$ ficamos [$_{SA}$ satisfeitos]]...

PREDICAÇÃO

Predicação é um termo que a Sintaxe herdou da Lógica. Trata-se do conjunto das relações que se estabelecem entre um dado predicador e seus argumentos. Um predicador descreve certa categoria ou evento relativamente a um conjunto de indivíduos ou objetos. Em Sintaxe, o predicador é expresso num item lexical qualquer (N, V, P ou A) e seus argumentos encerram seu especificador e seu(s) complemento(s). Para mais informações sobre esse assunto, o leitor pode consultar Perini (2008 e 2016), por exemplo.

Neste momento, é interessante retornar à regra de reescrita apresentada anteriormente e perceber que ela não é capaz de distinguir SP e orações que são adjuntos ou complementos. No entanto, essa distinção é muito importante. Ao contrário dos complementos, adjuntos podem, por um lado, simplesmente não ocorrer no interior de predicados ou, por outro lado, podem ser utilizados de uma maneira ilimitada e imprevisível. Isso quer dizer que não é possível determinar por uma regra as circunstâncias específicas em que um

SV não terá adjuntos ou em que ele terá um determinado número deles. Veja, nos exemplos seguintes, um pouco da riqueza e da diversidade das infinitas possibilidades de adjunção num SV. Usaremos, mais uma vez, a indicação subscrita proposta por Souza e Silva e Koch (1993), a fim de diferenciar complementos *versus* adjuntos, tal como fizemos na descrição dos SNs.

SV → (esp) V (SN) (SP$_{complemento}$) (SA) (ORAÇÃO $_{complemento}$) (SP $_{adjunto}$) (ORAÇÃO $_{adjunto}$)

Exemplos: [$_V$ é [$_{SN}$ uma grande pessoa [$_{SP}$ com certeza]]], [$_V$ estou [$_{SP}$ em casa [$_{SP}$ neste momento]]], [$_V$ parece [$_{SA}$ feliz [$_{SP}$ com o emprego]]], [$_V$ nunca $_V$ ficamos [$_{SA}$ satisfeitos [$_{SP}$ em viagens]]]; [$_V$ disse [$_{ORAÇÃO}$ que você é feliz [$_{ORAÇÃO}$ quando ouve músicas]]], [$_V$ vi [$_{SN}$ você [$_{SP}$ no teatro [$_{SP}$ no domingo [$_{SP}$ com um amigo [$_{ORAÇÃO}$ enquanto esperava o meu Uber]]]]]...

Os adjuntos, tipicamente SP e orações, podem, como dissemos, ser inseridos no interior de outros sintagmas de acordo com a intenção comunicativa dos falantes, sem se submeter aos rigores das relações estabelecidas entre um núcleo sintagmático, seu(s) complemento(s) e seu especificador. Por essa razão, uma regra de rescrita que descreva todos os casos particulares de adjunção é virtualmente impossível, diferentemente do que o estudo da transitividade verbal consegue fazer acerca de complementos.

Você deve ter notado que, até aqui, todos os exemplos arrolados apresentam apenas um verbo como núcleo de SV, porém isso não quer dizer que a posição sintagmática V seja sempre ocupada por um e somente um verbo. De fato, dois ou mais verbos podem ocupar, em conjunto, a posição V. Quando isso acontece, estamos diante de uma **locução verbal**. Nas locuções verbais, um V é constituído por um **verbo principal** (pri) antecedido por um ou mais **verbos auxiliares** (aux). Um verbo principal possui valor lexical, é o predicador da frase e aparece numa forma infinita (infinitivo, gerúndio ou particípio), enquanto um verbo auxiliar possui valor gramatical (flexão, aspecto, modo), não faz predicação e ocorre em forma finita. Por exemplo, o SV [vou trabalhar de manhã] é estruturado como se segue.

[$_{SV}$ [$_{V\,aux}$ vou $_{pri}$ trabalhar [$_{SP}$ de manhã]

As locuções verbais são uma boa ilustração de que nem sempre a noção de constituinte coincide com a de palavra. Ao identificarmos o núcleo V, precisamos, portanto, estar sensíveis ao fato de que não é qualquer item verbal (palavra) que projetará um SV, mas somente aqueles de natureza lexical. Outros itens verbais de valor gramatical, como os auxiliares, podem ocorrer numa determinada frase sem nos fazer acreditar que eles projetarão seus próprios SVs.

LOCUÇÕES VERBAIS - I

As locuções verbais são formadas por verbos auxiliares e verbos lexicais, ou seja, verbos que têm apenas *status* gramatical e verbos que têm "estatuto semântico", como vimos no exemplo anterior [vou trabalhar]. Repare como aqui o verbo *ir* é usado para marcar uma forma de **futuro** e carregar as marcas flexionais de concordância de número; o verbo principal *trabalhar*, por outro lado, carrega a "carga semântica" do SV, no sentido de que esse verbo é usado com seu significado lexical – e não meramente gramatical. Existem, na literatura linguística, alguns "testes de auxiliaridade" que indicam se estamos lidando com uma construção que apresenta dois verbos lexicais ou com uma estrutura de verbo auxiliar mais verbo lexical. Por exemplo, um verbo auxiliar não costuma permitir a negação de seu verbo principal. Em uma construção com dois verbos plenos (como é o caso das frases em (b)), ao contrário, podemos negar tanto o primeiro como o segundo verbo:

(a) O João vai trabalhar de manhã.
    O João **não** vai trabalhar de manhã.
    *O João vai **não** trabalhar de manhã.
(b) O João adora trabalhar de manhã.
    O João **não** adora trabalhar de manhã.
    O João adora **não** trabalhar de manhã.
    O João **não** adora **não** trabalhar de manhã.

Isso significa, entre outras coisas, que o verbo *ir* pode ser empregado como auxiliar de futuro, mesmo em contruções condenadas por prescritivistas sempre prontos a "defender o idioma pátrio": *eu vou ir* é uma construção gramaticalmente bem formada – e bastante lógica – na língua, assim como *eu vou vir*. Nessas construções, temos uma locução verbal formada por um verbo auxiliar (*ir*) marcador de futuro e um verbo pleno (*ir* e *vir* em nossos exemplos). Dois textos clássicos sobre os auxiliares em PB são Pontes (1973) e Lobato (1975), já acessíveis ao leitor. Uma discussão resumida e exemplificada pode ser encontrada em Othero (2009).

Por fim, um predicado pode apresentar um tipo de constituinte que nem sempre é analisado apropriadamente nas gramáticas normativas tradicionais, razão pela qual devemos a ele dedicar especial atenção. Trata-se das **miniorações** (Mo), também muito conhecidas por seu nome em inglês, *small clauses*, na literatura.

Uma minioração, tal como o termo usado pelos sintaticistas sugere, é um protótipo de uma oração com verbo de ligação/copulativo. Ela apresenta uma estrutura de predicação inferível, com a particularidade de não explicitar nenhum verbo. Para compreender melhor isso, vejamos um exemplo.

(41) Eu achei a sua proposta completamente descabida.

Aqui, identificamos uma minioração em [a sua proposta completamente descabida]. Perceba que [completamente descabida] caracteriza-se como um predicado acerca de [a sua proposta]. Trata-se, semanticamente, de um juízo em relação a um tema. Ou seja, estamos diante de uma predicação entre um SA e um SN, ainda que um verbo de ligação/copulativo não esteja presente e possa, se quisermos, ser subentendido: [$_{SN}$ a sua proposta (é) [$_{SA}$ completamente descabida]].

Em miniorações, encontraremos sempre o núcleo do SV seguido por pelo menos dois sintagmas. Ora, devemos nos perguntar qual é o tipo de relação sintática que esses sintagmas estabelecem com V. Nas gramáticas normativas tradicionais, diz-se que verbos como *achar, considerar, julgar, chamar, declarar* etc., nomeados como **transobjetivos**, manifestam um "sentido especial" de um verbo originalmente transitivo. Por esse motivo, eles selecionariam dois complementos interdependentes, um objeto (SN) e um predicativo desse objeto (SA ou SN ou SP), e caracterizariam um predicado misto, que seria ao mesmo tempo verbal e nominal, o chamado **predicado verbo-nominal**. Tal tipo de explicação parece falhar não somente por ser vaga ao mencionar um "sentido especial" de alguns verbos, mas principalmente por afirmar que em construções dessa natureza ocorreria uma espécie de verbo bitransitivo. Vejamos a seguir por que assumir que, em frases como (41) e (42), V seleciona apenas um constituinte como complemento – a saber, uma Mo –, parece ser descritivamente mais adequado do que afirmar que verbos como *achar* possuem dupla complementação.

47

(42) O professor achou aquele livro uma obra de arte.
(43) O professor achou aquele livro.

O que nos interessa, nesse caso, é observar que, sem a predicação que se estabelece entre os SNs [aquele livro] e [uma obra de arte] no exemplo (42), o significado de *achar* terá de ser outro: em vez de *considerar*, a ausência da predicação existente numa minioração conferirá a *achar* o sentido de *encontrar*, como ocorre em (43). Com isso, estamos dizendo que os verbos que verdadeiramente selecionam dois complementos estabelecem, eles próprios, a predicação de cada um de seus complementos. É o que acontece com itens como *ceder*, *dar*, *oferecer*, *colocar* etc. Já com os verbos que selecionam como complemento uma minioração se passa algo diferente: neles, não é o verbo que faz a predicação; ela é feita no domínio da Mo. Evidência a favor disso é o fato de que, quando explicitamos o verbo dentro da minioração (e, então, teremos uma oração plena, não mais uma "mini"), daremos vida a somente um constituinte, mas não a dois. Senão, vejamos.

(44) Eu achei que [a sua proposta era completamente descabida].
(45) O professor achou [que aquele livro era uma obra de arte].

Nesses dois casos, torna-se explícito que V seleciona como complemento somente um constituinte – compare-os aos exemplos (41) e (42), respectivamente. Logo, não parece correto afirmar que, sem a explicitação do verbo de ligação (isto é, numa Mo), o mesmo V passaria a selecionar dois complementos.

Por tudo o que dissemos, devemos adicionar um tipo específico de SV à nossa regra de reescrita: aquele em que V seleciona uma minioração.

$$SV \rightarrow \{(esp)\ V\ (SN)\ (SP)\ (SA)\ (ORAÇÃO)\ (Mo)\}$$

Na próxima seção, estudaremos a estrutura interna dos sintagmas preposicionais (SP), também denominados sintagmas preposicionados.

11. SINTAGMAS PREPOSICIONAIS

Os SPs são sintagmas que apresentam uma preposição como núcleo. Sua diversidade estrutural é representada na seguinte reescritura:

SN → (esp) P $\begin{Bmatrix} SN \\ ORAÇÃO \end{Bmatrix}$

Como se pode perceber, trata-se de um tipo sintagmático bem menos variável do que os demais já apresentados. Ele tipicamente manifestará seu núcleo seguido de um SN, da maneira como vemos a seguir.

SP → P SN
Exemplos: [$_P$ com [$_{SN}$ poucos problemas]], [$_P$ sem [$_{SN}$ certezas]], [$_P$ para [$_{SN}$ a alegria de todos]]...

Em sentenças cotidianas, P quase sempre selecionará um SN como complemento. Isso ocorre porque a presença de uma preposição sem seu respectivo complemento é uma construção agramatical em português, bem como não é licenciada na língua a manifestação do SN antes de P. Ilustramos isso nos casos a seguir.

(46) *Vamos construir uma casa de.
(47) *Dinheiro, todo mundo precisa de.

A bem da verdade, existem exceções à regra P + SN. Entretanto, são raros os casos de preposições lexicalizadas que podem ocorrer, numa frase, sem o seu complemento devidamente explicitado. Podemos verificar dois exemplos desse tipo incomum de construção ao ler as frases *Eu sou contra* e *Vou falar sobre*. Igualmente, são restritas, em língua portuguesa, as circunstâncias em que o SN pode ser deslocado para posições anteriores a P, como acontece em *Internet, não consigo ficar sem*. Não obstante, devido a particularidades morfofonológicas, em algumas línguas, como no caso do inglês, a anteposição do SN complemento de P é gramaticalmente licenciada.

Além da sequência P + SN, a estrutura de um SP pode ser complexificada com a anteposição de um especificador, que desempenhará uma função adverbial.

SP → (esp) P SN
Exemplos: [$_{esp}$ realmente $_P$ com [$_{SN}$ poucos problemas]], [$_{esp}$ quase $_P$ sem [$_{SN}$ certezas]], [$_{esp}$ só $_P$ para [$_{SN}$ a alegria de poucos]]...

49

Por fim, tal como sucede com SN e SV, o núcleo de um SP pode selecionar como complemento uma oração encaixada, independentemente da presença ou da ausência de um especificador. Nesse caso, o complemento de P será ORAÇÃO e, por isso, não haverá seleção de SN como complemento, afinal preposições normalmente não são bitransitivas.

SP → (esp) P ORAÇÃO

Exemplos: [$_{esp}$ deliberadamente $_P$ para [$_{ORAÇÃO}$ irritar os vizinhos]], [$_P$ para [$_{ORAÇÃO}$ que você se sinta melhor]]...

Antes de passarmos à análise de outro tipo sintagmático, é importante destacar que o português, ao lado de outras línguas, manifesta o fenômeno das **locuções prepositivas**. Portanto, em expressões como *para com todos*, *por entre os espaços* ou o proscrito *ante ao exposto* etc., encontraremos duas preposições contíguas. Nesses casos, é possível interpretar que o núcleo P seja constituído por dois elementos, em locução, tal como descrevemos a respeito das locuções verbais. Alternativamente, é possível que uma nova categoria, no caso um SP, seja adicionada à regra de reescrita do próprio SP, conforme postulado em Othero (2009), por exemplo.

$$SN \rightarrow (esp)\ P \begin{Bmatrix} SN \\ ORAÇÃO \\ SP \end{Bmatrix}$$

Tal adição nos informa que um núcleo P pode selecionar como complemento um novo SP, dentro do qual uma preposição será encontrada, o que fará com que a regra seja reaplicada.

Passemos, finalmente, ao último tipo de sintagma que estudaremos aqui, o sintagma adjetival (SA).

12. SINTAGMAS ADJETIVAIS

Os SAs possuem a seguinte regra de reescritura.

$$SA \rightarrow (esp)\ A \begin{Bmatrix} (SP) \\ (ORAÇÃO) \end{Bmatrix}$$

Vemos, portanto, que o núcleo A pode ser o único constituinte de um SA como sintagma unitário.

SA → A
Exemplos: [_A inteligente], [_A limitado], [_A preocupada]...

Tal como se dá com os SNs e SVs, o núcleo de um SA pode figurar modificado por um especificador, quando é o caso de esse ser introduzido numa frase. Interessantemente, muitos especificadores podem ocorrer à direita ou à esquerda de um núcleo A em língua portuguesa. Ilustramos isso a seguir.

SA → (esp) A
Exemplos: [_esp muito _A inteligente], [_esp extremamente _A limitado], [_esp nada _A preocupada], [_A pequeno _esp demais], [_A preocupada _esp excessivamente]...

Por fim, no interior dos SAs pode haver SPs que ou são adjungidos àquele sintagma ou são selecionados por um núcleo A.

SA → (esp) A (SP)
Exemplos: [_A sujo [_SP com graxa]], [_A consciente [_SP da situação]], [_esp pouco _A decorada [_SP com quadros]], [_esp completamente _A consciente [_SP da situação]]...

Nesses exemplos, os adjetivos *sujo* e *decorada* não manifestam propriedades selecionais e, desse modo, não possuem complementos, situação distinta do núcleo A *consciente*, que seleciona um SP como complemento. Além disso, o complemento de A com propriedades transitivas pode ser, em vez de SP, uma oração encaixada.

SA → (esp) A (ORAÇÃO)
Exemplos: [_A consciente [_ORAÇÃO que o problema é grave]], [_esp muito _A ansioso [_ORAÇÃO que a festa comece]]...

Repare que, nesses exemplos, pode ocorrer uma preposição antes da oração encaixada: *consciente **de** que o problema é grave, muito ansioso **para** que a festa comece*. Nesse caso, o complemento de A seria um SP, cujo núcleo P é que seleciona uma ORAÇÃO como complemento: [_A consciente [_SP de [_ORAÇÃO que o problema é grave]]], [_esp muito _A ansioso [_SP para [_ORAÇÃO que a festa comece]]].

13. OUTROS SINTAGMAS?

Nas seções anteriores, descrevemos e analisamos os quatro principais sintagmas existentes na língua portuguesa. Antes de encerrarmos este capítulo, gostaríamos de instigar o leitor com a seguinte indagação: SN, SV, SP e SA são todos os sintagmas que encontraremos ao estudarmos mais a fundo a sintaxe do português e de outras línguas?

A resposta a essa pergunta é negativa. Você deve notar que todos os sintagmas até aqui apresentados possuem um núcleo de natureza lexical, isto é, uma palavra que possui conteúdo referencial: nomes substantivos, verbos, preposições e nomes adjetivos. Essas quatro categorias são o suficiente para descrevermos a tipologia sintagmática lexical das línguas, muito embora autores como Othero (2009) incluam, em suas análises, mais um constituinte lexical, o sintagma adverbial (SAdv). Ora, se esses são os sintagmas lexicais, você pode se questionar: quais seriam os **sintagmas gramaticais** (ou **funcionais**) existentes nas línguas?

Ao se aprofundar em seus estudos de Sintaxe, você descobrirá que os sintagmas funcionais são essenciais para a estruturação das sentenças e dos sintagmas nominais. Por exemplo, no domínio da frase, o **sintagma flexional** (SF) é responsável, entre outras funções, por atribuir uma flexão ao núcleo de um SV – e, por essa razão, seu núcleo F pode ser preenchido por morfemas, por palavras (como os verbos auxiliares, que então não serão mais interpretados como uma locução no interior do SV) ou ser foneticamente nulo. Já o **sintagma complementador**, ou **complementizador**, (SC) desempenha o papel de conector entre orações – e, por isso, seu núcleo C pode ser preenchido por uma conjunção como *que* –, além de marcar valores discursivos numa sentença, tais como força ilocucionária, tópico e foco. No domínio do SN, o **sintagma determinante** (SD) atribui aos nomes substantivos um valor funcional, estabelecendo sua definitude, sua quantificação e diversos tipos de informações gramaticais veiculadas através de artigos, pronomes, numerais e outras categorias que, anteriormente, descrevemos apenas como especificadores de N.

Ao dar sequência a seus estudos em Sintaxe, você aprenderá a identificar esses e outros tipos de sintagmas funcionais que são importantes para a compreensão de como os mecanismos gramaticais de uma língua natural atuam sobre os traços lexicais presentes nos SNs, nos SVs, nos SPs e nos SAs de modo a construir sentenças em sua integral complexidade de estrutura.

Leituras complementares

Ao longo do capítulo, apresentamos sugestões de leitura sobre cada assunto específico que abordamos. A base da Sintaxe que apresentamos aqui pode ser vista também em manuais de Linguística Gerativa, como Lobato (1986), Raposo (1992), Mioto et al. (2013) e Kenedy (2013). Se o leitor desejar acessar diretamente a "fonte" em que essas obras se baseiam, poderá consultar, por exemplo, uma recente tradução comentada do trabalho clássico e pioneiro de Noam Chomsky, *Estruturas sintáticas* (Chomsky, 2015 [1957]).

Grande parte do que discutimos nas descrições dos quatro tipos de sintagmas lexicais que vimos neste capítulo foi baseada em Lemle (1984), Lobato (1986), Souza e Silva e Koch (1993), Perini (1996) e Othero (2006, 2009, 2014). Todos esses trabalhos são leituras acessíveis ao leitor, após o término deste capítulo.

Exercícios

1. O que é um sintagma? Exemplifique e aplique alguns dos testes que você aprendeu neste capítulo para identificar constituintes.

2. Por que o conceito de *pronome* da Gramática Normativa Tradicional está equivocado?

3. Faça as árvores sintáticas das seguintes frases:
    a. Derrubaram o muro ontem à noite.
    b. Os meus amigos moram em Porto Alegre.
    c. O João é um cara que não bebe.
    d. O avô do Pedro contou a seus netos suas peripécias de criança.
    e. A Maria quebrou a perna.
    f. A Maria quebrou a perna da Ana.
    g. O amigo da Ana disse que ela vai viajar para o Peru.

FUNÇÕES SINTÁTICAS

Objetivos gerais do capítulo

◌ Funções sintáticas – discutiremos a noção de "função sintática" dos elementos do período, abordando a dualidade entre forma (sintagmática) e função (sintática);

◌ Inventário das funções sintáticas – revisaremos as lições de "análise sintática" da tradição gramatical brasileira, em cotejo crítico com a descrição linguística contemporânea.

É importante lembrar que a leitura deste capítulo pressupõe o domínio dos conceitos explorados no capítulo anterior.

1. O QUE SÃO FUNÇÕES SINTÁTICAS

O conceito de **função sintática** é derivado da noção de constituinte. Portanto, não é por acaso que, neste livro, tenhamos primeiramente estudado os sintagmas lexicais da língua portuguesa para que, então, possamos analisar de maneira adequada as funções sintáticas do período. Com efeito, uma função sintática qualquer é sempre o papel que um constituinte desempenha em relação a outro numa dada estrutura frasal. Dessa maneira, compreendemos que os estudos sintáticos de natureza normativa tradicional incorrem em grave erro didático e teórico ao darem ênfase a um conceito secundário (isto é, funções sintáticas) e quase sempre ignorarem a noção primária (constituintes da sentença) que sustenta a própria razão de ser da **análise sintática**. Ilustremos isso com o seguinte exemplo.

(1)   Os alunos leram o livro de Sintaxe.

Quando procedemos à análise das funções sintáticas dessa frase ou, na verdade, de qualquer outra, precisamos, em primeiro lugar, identificar as fronteiras dos sintagmas que a constituem. Por exemplo, é necessário que, nessa frase específica, assinalemos que [os alunos] é um SN anteposto ao SV [leram o livro de Sintaxe], bem como devemos destacar, dentro desse SV, a presença de outro SN, que é complemento do núcleo V: [o livro de Sintaxe]. No domínio desse segundo SN, identificaremos, ainda, a existência de um SP [de Sintaxe] como seu adjunto. A descrição sintagmática do exemplo só será esgotada quando anotarmos a ocorrência de [os] e [o] como, respectivamente, especificadores dos N [alunos] e [livro], núcleos de sintagmas que, por preencherem a posição de "esp", se distinguem do SN unitário [Sintaxe]. Ora, é somente após toda essa anotação sintagmática – que aprendemos no capítulo anterior – que se tornará possível analisar, com precisão, a função sintática que cada um dos constituintes de uma sentença desempenha em relação a seus "vizinhos" estruturais. Quando as gramáticas normativas tradicionais omitem esse longo processo de análise sintagmática e saltam diretamente para a análise das funções sintáticas, o estudo da Sintaxe torna-se um tanto obscuro. Muitas vezes, os estudantes têm a sensação de que "sintaxe" não passa de uma mera lista de funções que deve ser memorizada mecanicamente. Neste capítulo, procuraremos desmitificar essa impressão, apresentando ao leitor uma abordagem integrada entre função sintática e estrutura sintagmática.

2. DESENHANDO ÁRVORES

À semelhança do que aprendemos no capítulo anterior, desenhar representações arbóreas é um recurso extremamente útil também no estudo das funções sintáticas. Para ilustrarmos isso, vejamos a árvore sintática a seguir.

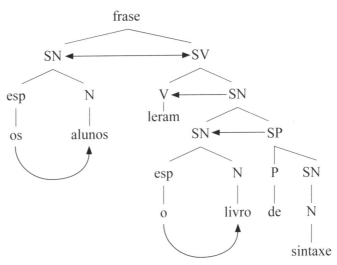

Com esse recurso visual, todos os sintagmas existentes na estrutura são mapeados, o que nos permitirá identificar mais facilmente a função sintática que cada constituinte desempenha em relação aos outros. Assim, percebemos que, no exemplo (1), há uma frase constituída imediatamente por um SN articulado a um SV. Esses dois constituintes desempenham função sintática um relativamente ao outro, tal como apontado na respectiva seta na figura. Dentro do SV aparece outro SN, que exerce função relativa ao núcleo V. Por sua vez, no interior dos SNs [os alunos] e [o livro], notamos a existência de especificadores ([os] e [o]), que assumem uma função sintática em relação ao núcleo N – [alunos] e [livro], de maneira respectiva. Finalmente, nosso esquema arbóreo indica a existência de um SP, que, no que se refere ao SN presente no domínio do SV, desempenha função de adjunto.

> Uma árvore sintática permite também o reconhecimento da função sintática do núcleo de cada constituinte da frase. O núcleo de um sintagma é tipicamente o núcleo da função sintática desempenhada pelo sintagma que o domina imediatamente; por exemplo, se um SN desempenha a função de sujeito, então seu núcleo N desempenhará a função de núcleo do sujeito. Uma exceção deve ser feita ao núcleo do SP: por se tratar de uma categoria com propriedades lexicais e funcionais, tradicionalmente não se atribui função sintática à preposição (P).

Uma vez que tenhamos reconhecido a hierarquia das relações sintagmáticas de uma frase, poderemos, então, nomear cada uma de suas funções sintáticas. Nesse exemplo, de que maneira poderíamos classificar as funções identificadas anteriormente? Ou seja, quais são os termos que devemos utilizar para caracterizar as funções sintáticas do período?

Durante muitos anos, gramáticos tradicionais, linguistas e professores utilizavam livremente os termos de sua preferência, fato que causava muita confusão na descrição do componente sintático da língua e bastante frustração entre os estudantes. Os alunos precisavam aprender uma nomenclatura diferente a cada gramática que consultavam ou a cada escola que frequentassem ao longo de sua vida acadêmica. Essa Torre de Babel teve fim somente em 1959, ano em que se estabeleceu a terminologia adotada até hoje em nossas gramáticas e livros didáticos, por meio da Portaria n° 36 do Ministério da Educação. Essa Portaria ficou conhecida como **Nomenclatura Gramatical Brasileira** – a NGB.

3. A NGB

A NGB representou, à sua época, uma contribuição importante para os estudos gramaticais brasileiros. De fato, a existência de uma nomenclatura oficial a ser adotada por todos os estudiosos do país pôs fim à verdadeira anarquia terminológica que existia até então. Só para termos uma ideia da confusão que era gerada por uma excessiva diversidade de termos empregados para descrever as funções sintáticas, vejamos o caso do SP que é selecionado como complemento de N ou de A. Hoje, a função desempenhada por esse SP é universalmente descrita como "complemento nominal". No entanto, antes da NGB, essa mesma função era designada por diferentes termos como, entre outros, "objeto nominal", "complemento restritivo", "complemento terminativo" e "adjunto restritivo". Além disso, nos estudos gramaticais pré-NGB, era muito comum que o vocabulário da "análise lógica" fosse misturado ao da descrição gramatical, fato que produzia incompreensão quanto ao valor sintático de certas notações, tais como "complemento lógico", "adjunto inampliado", "constituinte incompleto", entre outros casos. É muito importante, portanto, que, nos estudos gramaticais, tenhamos uma nomenclatura uniforme que possa ser empregada por todos os professores e estudantes do Brasil. É por essa razão que utilizaremos, nas seções a seguir, os termos padronizados pela NGB.

A NGB

A Nomenclatura Gramatical Brasileira (NGB) é um documento que foi elaborado na segunda metade de 1950 por gramáticos e filólogos reconhecidos à época (como Serafim Silva Neto, Rocha Lima e Celso Cunha, por exemplo). Seu objetivo, como dissemos, foi padronizar os termos gramaticais utilizados no estudo de língua portuguesa nos currículos escolares – e, em consequência, nos livros didáticos e gramáticas escolares –, de maneira que todos os gramáticos, professores e estudantes utilizassem a mesma terminologia em suas reflexões e seus estudos gramaticais no Brasil. O documento da NGB pode ser consultado gratuitamente on-line. Ele pode ser baixado em PDF deste endereço: <https://docs.ufpr.br/~borges/publicacoes/notaveis/NGB.pdf>.

Portugal também conta com sua nomenclatura gramatical – muito próxima da nossa. É a Nomenclatura Gramatical Portuguesa (NGP), de 1967, que também pode ser consultada on-line, neste endereço: <http://www.portaldalinguaportuguesa.org/?action=nomenclatura>.

A NGB, no entanto, não é uma boa nomenclatura. Na verdade, ela apresenta inúmeras falhas graves. Por exemplo, para citarmos apenas três casos: (i) diversas funções sintáticas são, na NGB, definidas por parâmetros semânticos, algo descritivamente inadequado ao tratarmos especificamente do componente sintático da língua (ex. sujeito como "o ser que pratica uma ação"); (ii) funções sintáticas idênticas são descritas por termos diferentes (ex. complementos recebem nomes específicos se seu respectivo núcleo é V ou N/A); e (iii) funções sintáticas diferentes são descritas com a mesma nomenclatura (ex. especificadores e SPs adjuntos a SN são nomeados igualmente como adjuntos adnominais). Por conseguinte, é importante empregarmos a NGB com bastante crítica, até que finalmente tenhamos no Brasil uma nomenclatura oficial depurada de tantos erros (para estudar mais sobre esse tema, remetemos o leitor a Perini, 1985, 1995; Henriques, 2009; e Kenedy, 2010).

Um dos maiores erros relativos à NGB decorre da compreensão incorreta que muitos gramáticos, professores, escolas e editoras de livros fizeram da Portaria nº 36, de 28 de janeiro de 1959. Gramáticas escolares e livros didáticos lançados após essa data converteram maciçamente a NGB em conteúdo programático das lições de língua portuguesa. Os termos então propostos para descrever fenômenos gramaticais passaram a ser, eles mesmos, o objetivo final da análise da língua, deixando a própria língua em segundo plano. O que fora proposto pela NGB como um meio, um conjunto de instruções notacionais, foi interpretado nos livros didáticos como o fim, o conteúdo a ser ministrado na escola básica.

INVENTÁRIO DAS FUNÇÕES SINTÁTICAS DA NGB

Termos essenciais da oração
Sujeito (simples, composto, indeterminado, inexistente)
Predicado (verbal, nominal, verbo-nominal)
Predicativo (do sujeito, do objeto)

Termos integrantes da oração
Complemento verbal (objeto direto, objeto indireto)
Complemento nominal
Agente da passiva

Termos acessórios da oração
Adjunto adnominal
Adjunto adverbial
Aposto

Termo à parte
Vocativo

4. FRASE, ORAÇÃO E PERÍODO

As frases que interessam à análise sintática são tipicamente constituídas por, pelo menos, uma predicação verbal. Dessa forma, apesar de, a rigor, uma frase poder ser qualquer enunciado linguístico, somente aquelas que possuem no mínimo um SV tornam-se objeto de estudo passível de classificação em termos de funções sintáticas. Cada SV presente numa frase indica a existência de uma **oração**.

A seguir, ilustramos, em (2a), o caso de uma frase sem qualquer predicação verbal, denominada **frase nominal**. Em (2b), vemos a ocorrência de uma frase constituída por uma única oração e, em (2c), temos um exemplo de frase composta por mais de uma oração.

(2) a. Um quarto grande, com janelas largas e bela vista para o mar.
 b. Todos gostam de filmes românticos.
 c. O professor disse que a prova não está difícil.

A frase em (2a) não se presta para os fins da análise em Sintaxe porque, na falta de um SV, não há funções a serem atribuídas aos sintagmas presentes no enunciado, pois é somente a partir de uma predicação verbal que podemos mapear as demais relações sintáticas de uma estrutura frasal. Em (2b), por sua vez, identificamos o SVs [gostam de filmes românticos] ao passo que, em (2c), destacamos dois SVs: [disse que a prova não será difícil] e [não será difícil], estando o segundo inserido no domínio do primeiro. Ambas as frases verbais em (2b) e (2c) caracterizam a noção de período, que, nos estudos de Sintaxe, deve ser tomada como sinônimo de sentença. A única diferença entre essas duas frases é que, em (2b), a extensão do período coincide com a da oração, isto é, temos um **período simples** (oração absoluta), enquanto, em (2c), o **período** é **composto** por duas orações. Tanto num caso como no outro, encontramos frases com SV, o que nos habilita a dar início à análise das funções sintáticas da sentença.

> **QUESTÕES DE NOMENCLATURA - I**
>
> Frase nominal: frase sem verbo.
> Frase verbal: frase com pelo menos um SV.
> Oração: predicação entre um SV (predicado) e um SN (sujeito).
> Período simples: frase verbal com somente uma oração.
> Período composto: frase verbal com mais de uma oração.
> Período: sinônimo de frase verbal.
> Sentença: sinônimo de frase verbal.

Uma oração é uma **estrutura bimembre**. Isto é, uma oração é sempre constituída por dois constituintes básicos, dentro dos quais todos os outros se encontrarão de alguma forma encaixados. Esses dois constituintes são SN e SV. Vemos isso representado na seguinte figura.

Os constituintes imediatos de uma oração (isto é, SN e SV) podem aparecer, numa frase específica, em **ordem direta** (SN → SV) ou **ordem inversa** (SV → SN). Além disso, é possível, como já sabemos, que um SN não seja preenchido por nenhum elemento foneticamente realizado (conjunto vazio), mas, ainda assim, ele possuirá valor sintático. É importante ter sempre em mente essas noções porque é a partir da identificação do SN e do SV imediatamente ramificados de uma oração que conseguiremos analisar todas as funções sintáticas de uma sentença.

5. SUJEITO E PREDICADO

Sujeito e predicado são considerados os **termos essenciais** de uma oração, porque correspondem, respectivamente, ao SN e ao SV que compõem de maneira imediata uma frase verbal. Sendo assim, a cada vez que encontramos uma oração numa sentença, devemos identificar o SN (ainda que foneticamente nulo) e o SV que estruturam diretamente tal oração, pois as demais funções sintáticas do período serão desempenhadas ou dentro do SN sujeito, ou no interior do SV predicado.

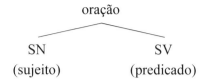

No exemplo (3), sujeito e predicado são identificados conforme se representa nos colchetes etiquetados que se seguem. Como somente um par da relação SN → SV, indicada na figura, pode ser encontrado nessa frase, estamos, portanto, diante do caso de um período simples.

(3) [$_{ORAÇÃO}$ [SN$_{sujeito}$ Todos] [SV$_{predicado}$ gostam de filmes românticos]]

Na frase em (4), a segunda oração encontra-se encaixada no domínio da primeira, fato que exemplifica a estruturação de um período composto. Você deve notar que, tanto na primeira quanto na segunda oração dessa frase, a estrutura bimembre [SN sujeito + SV predicado] encontra-se ramificada diretamente da oração.

(4) [$_{ORAÇÃO}$ [SN$_{sujeito}$ O professor] [SV$_{predicado}$ disse que [$_{ORAÇÃO}$ [SN$_{sujeito}$ a prova] [SV$_{predicado}$ não está difícil]]].

A ocorrência de SN e de SV ramificados diretamente de uma oração mais de uma vez numa mesma frase (período composto) se tornará mais evidente com o uso da seguinte representação arbórea simplificada.

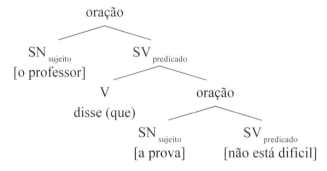

Vemos assim que as funções sintáticas de sujeito e predicado se definem na hierarquia da estrutura sintagmática da sentença: o **sujeito** é o SN que se ramifica diretamente de uma oração, enquanto o **predicado** é o SV que se ramifica diretamente dessa oração.

Considerando-se a recursividade da combinação entre sintagmas, você já pode ver que o SN sujeito e o SV predicado podem conter, dentro de si, outros constituintes – núcleos, complementos, especificadores e adjuntos. Tais elementos, por um lado, serão **termos integrantes** ou **acessórios** da função sintática hierarquicamente superior, dentro da qual se encontram encaixados (sujeito ou predicado). Por outro lado, desempenharão alguma função sintática específica, como núcleo do sujeito, núcleo do predicado ou outras – como objeto direto, complemento nominal... –, que veremos ainda neste capítulo. Na próxima seção, analisaremos as subclassificações do sujeito.

5.1 Subclassificações do sujeito

Na tradição dos estudos gramaticais brasileiros, o sujeito de uma oração costuma receber um dos quatro tipos de subclassificação preconizados pela NGB: simples, composto, indeterminado ou inexistente. Como se vê, a NGB não previu casos em que o sujeito pode ser determinado, mas foneticamente nulo, como é o caso do sujeito oculto; por isso, podemos encontrar, em gramáticas escolares, também os termos "sujeito implícito", "sujeito elíptico", "sujeito subentendido", "sujeito nulo" ou "sujeito desinencial" para designar o que, aqui, chamamos de "sujeito oculto".

Você deve perceber que tais subclassificações não dizem respeito estritamente à noção de função sintática, mas, sim, à quantidade de núcleos que um sujeito manifesta (se um [simples] ou mais de um [composto]) e à interpretação semântico-pragmática do sujeito quando esse não é realizado foneticamente (se oculto, indeterminado ou inexistente). Portanto, as subclassificações do sujeito não são uma parte relevante da análise sintática e só persistem em nossas gramáticas, em nossos manuais de Sintaxe e em nossas aulas de Língua Portuguesa devido à repetição da tradição herdada desde a NGB.

A distinção entre **sujeito simples** ou **composto** se estabelece em virtude da quantidade de núcleos N presentes no sujeito de uma oração. A ocorrência de um e somente um SN como sujeito levará à classificação dessa função sintática como simples, isto é, constituída de somente um núcleo N foneticamente realizado. Por oposição a isso, quando dois ou mais SNs são coordenados entre si na função de sujeito, então pelo menos dois núcleos N foneticamente explícitos serão realizados na sentença, o que resultará num sujeito composto. Em (5a), vemos representado um sujeito simples (isto é, com somente um SN), enquanto, em (5b), ocorrem três SNs coordenados (dando origem a um sujeito composto).

(5) a. [$_{SN}$ O Brasil] já foi campeão mundial de futebol.
b. [$_{SN}$ Brasil, [$_{SN}$ Argentina e [$_{SN}$ Uruguai]]] já foram campeões mundiais de futebol.

Note bem. A ocorrência de um núcleo N no plural ou a presença de SN no domínio do sujeito ocupando, dentro dele, uma posição diferente da de núcleo (isto é, especificador, complemento ou adjunto) não caracteriza o caso de sujeito composto. É isso o que vemos no exemplo (6). No caso, o núcleo do sujeito da oração é somente o N [países]. Os demais SNs no domínio do sujeito ([América] e [o sul]) desempenham, em seu interior, na posição de adjunto, outras funções sintáticas.

(6) [$_{SN}$ Diversos países da América do Sul] já foram campeões mundiais de futebol.

Por sua vez, a distinção entre **sujeito oculto**, **indeterminado** ou **inexistente** é de outra ordem. Essas três subclassificações compartilham a propriedade de não realizarem foneticamente o SN sujeito. Logo, a oração, em todos os três casos, apresentará um SN nulo/vazio (Ø). A distinção entre esses três subtipos de sujeito decorre de uma interpretação semântico-pragmática. Para entendermos isso, comparemos os exemplos (7a), em que ocorre um sujeito oculto, com (7b), em que há um sujeito indeterminado, e com (7c), no qual há um sujeito inexistente.

(7) a. [$_{SN}$ Ø] cheguei cedo.
b. [$_{SN}$ Ø] roubaram meu carro.
c. [$_{SN}$ Ø] choveu durante a noite toda.

Em (7a), estamos diante de uma das características do **sujeito nulo** nas línguas que, como o português, permitem esse tipo de fenômeno: podemos não realizar foneticamente o sujeito de uma oração porque ele é inferível pela flexão morfológica do verbo. Trata-se, nesse caso, da primeira pessoa do singular: *eu* – e, a depender da frase, pode ser outra, como primeira do plural (*nós*) ou segunda do singular (*tu, você*). Quando isso acontece, subclassificamos tal tipo de sujeito como oculto, isto é, dedutível pela desinência verbal. Também há casos em que o sujeito oculto é recuperável por meio de uma retomada anafórica, na própria oração (como em *O João chegou e Ø pegou um livro*) ou mesmo em frases ou porções textuais anteriores (como em *O João comprou cinco novos livros hoje na livraria nova do campus. Amanhã, Ø pretende voltar lá para adquirir mais alguns*).

Uma ocorrência especial dessa omissão fonética do sujeito ocorre quando se trata especificamente da terceira pessoa do plural (*eles/elas*), conforme vemos em (7b). Nesse caso, dá-se uma interpretação pragmática particular ao não preenchimento fonético do sujeito: ou não se sabe ou não se quer explicitar o conteúdo do SN sujeito, o que o caracteriza como indeterminado.

Além da terceira pessoa do plural não preenchida foneticamente, também a terceira pessoa do singular de verbos intransitivos, de ligação e transitivos indiretos articulados com a partícula *-SE* indicam a indeterminação do sujeito. Exemplos respectivos: *morre-se de desgosto, foi-se feliz naquele tempo* e *precisa-se de professores*.

Em (7b), provavelmente não se sabe "quem" roubou o carro, por isso o SN não é realizado de maneira plena, com um nome próprio ou uma expressão descritiva. Note que, se estivéssemos diante de um período composto e o conteúdo do SN sujeito foneticamente nulo (relacionado a um predicado com um verbo na terceira pessoa do plural) pudesse ser inferido a partir de alguma informação presente numa outra oração, então não estaríamos diante de um sujeito indeterminado, mas de um sujeito oculto. É justamente isso o que acontece em (8).

(8) [$_{SN}$ Os ladrões] simularam um pedido de ajuda e depois [$_{SN}$ Ø] roubaram o meu carro.

Ora, qual seria a diferença sintática entre o [$_{SN}$ Ø] em (7b), como sujeito indeterminado, e em (8), como sujeito oculto? Não há nenhuma.

Por isso, tal subclassificação não encerra um fenômeno de fato do domínio da sintaxe.

O exemplo em (7c) – oração sem sujeito ou sujeito inexistente – ilustra mais um caso de inadequação descritiva cometida pela NGB. Afinal, se não houvesse sujeito em determinadas orações, como essa função sintática poderia ser um termo essencial do período, como a própria NGB assevera? E, ainda, se não há sujeito numa dada frase, como ele poderia ser classificado e subclassificado? Na verdade, o que ocorre em casos como (7c) são os sujeitos foneticamente nulos que, diferentemente de sujeitos ocultos e indeterminados, não possuem nenhuma interpretação semântica ou pragmática. Trata-se de orações que possuem **sujeitos nulos expletivos**, isto é, SNs vazios que não adicionam qualquer informação semântica ao SV predicado da sentença. Expletivos nulos são tipicamente selecionados como sujeitos de orações com verbos que exprimem fenômenos naturais (*chover*, *ventar*, *nevar*, *trovejar* etc.), meteorológicos (*estar tarde*, *fazer frio* etc.), relativos a tempo transcurso (*fazer tantos anos*, *haver tanto tempo* etc.) e demais **verbos impessoais** (*haver* com valor existencial). Como vemos, trata-se, mais uma vez, de uma subclassificação motivada por critérios extrassintáticos.

EXPLETIVOS

Nos estudos de Sintaxe, elementos expletivos são aqueles que possuem valor puramente sintático, sem qualquer repercussão no componente semântico da língua. Em português, sujeitos "inexistentes" são sempre realizados por expletivos nulos, mas, noutras línguas, tais expletivos podem ser realizados por um **pronome expletivo** pronunciado. Por exemplo, a frase [[$_{SN}$ Ø] choveu o dia todo] deve ser traduzida para o inglês como [[$_{SN}$ it] rained all day] e, para o francês, como [[$_{SN}$ il] a plu toute la journée]. Expletivos nulos (como "Ø", em português) ou pronominais (como *it*, em inglês, ou *il*, em francês) são categorias que, quando usadas na função de sujeito, o fazem em razão de fatores estritamente sintáticos: a necessidade de realizar um sujeito (SN) gramatical para toda e qualquer sentença nas línguas naturais.

5.2 Subclassificações do predicado

Um predicado se subclassifica conforme a categoria morfossintática do núcleo que exerce a predicação na respectiva oração. Assim, dado que verbos transitivos e intransitivos são sempre predicadores, eles serão identificados como o núcleo V de um **predicado verbal**.

(9) a. Os alunos [$_{SV}$ estudaram toda a matéria].
b. Vários países da América do Sul [$_{SV}$ precisam de atenção internacional].
c. O bebê [$_{SV}$ sorriu].
d. Meu time [$_{SV}$ foi desclassificado da competição].

Notamos, nos exemplos anteriores, que em (9a) é o núcleo V [estudaram] que realiza a predicação entre os argumentos [os alunos] e [toda a matéria]. Em (9b), o verbo [precisaram] estabelece a predicação entre seu sujeito [vários países da América do Sul] e seu complemento [precisam de atenção internacional]. Da mesma forma, em (9c) o núcleo verbal [sorrir] predica sobre seu único argumento, o sujeito [o bebê]. Todos esses predicados são, pois, subclassificados como verbais. É interessante notar que, em (9d), há uma locução verbal no SV: [foi desclassificado]. Nela, o verbo auxiliar – o item *ser*, devidamente flexionado – desempenha papel puramente funcional, sem realizar predicação, a qual é exercida pelo núcleo lexical da locução, o particípio [desclassificado]. Infinitivos, particípios e gerúndios são formas reduzidas da categoria V, fato que nos fará classificar como verbal os predicados que apresentarem uma dessas formas como núcleo de V ou como verbo principal numa locução.

Numa dada oração, a predicação pode ser feita por uma categoria morfossintática diferente de V. Isso é ilustrado a seguir.

(10) a. Os alunos [$_{SV}$ parecem satisfeitos].
b. O Brasil [$_{SV}$ é desigual].
c. O livro [$_{SV}$ está sobre a mesa].
d. Sintaxe [$_{SV}$ é um componente da gramática].

Em todos os exemplos em (10), o núcleo do SV desempenha um papel meramente funcional, atribuindo à sentença alguma flexão verbal e expressando os valores aspectuais próprios de cada um dos itens *parecer*, *ser* e *estar*. Trata-se, portanto, dos chamados **verbos de ligação** ou **copulativos**. Esse tipo de núcleo V não manifesta a propriedade de predicar. Perceba que em (10a) e (10b), o predicador da oração não é o verbo, mas, sim, respectivamente, os núcleos A [satisfeitos] e [desigual], que predicam sobre seu único argumento, o respectivo sujeito [os alunos] e [o Brasil]. Em (10c), ocorre o mesmo: a predicação não é exercida por V, mas pelo núcleo P [sobre], que relaciona espacialmente seus dois argumentos, [o livro] e [a mesa]. No exemplo (10d), a predicação é feita pelo N [componente] – núcleo de um SN que se compõe também por um especificador [um] e um adjunto SP [da gramática] –, o qual predica acerca de seu sujeito [Sintaxe]. Nesses casos, o predicado deverá ser subclassificado como **não verbal**, já que seu núcleo predicador é uma categoria diferente de V, isto é, N, A ou P. Entretanto, o termo adotado pela NGB a fim de classificar predicados não verbais é **predicado nominal**. Atente, porém, que tal predicado "nominal" não é necessariamente nucleado por um substantivo N. Também adjetivos e preposições podem atuar como núcleo de um predicado não verbal.

Aos estudos normativos tradicionais escapa especialmente a percepção de que preposições possuem propriedades lexicais e, assim, podem realizar predicação e desempenhar a função de núcleo do predicado. Em função dessa limitação, diante de frases como (10c), gramáticas tradicionais identificam erroneamente um caso de "predicado verbal", sob a alegação de que o verbo *estar* assumiria, no caso, o valor intransitivo de localização espacial. Ora, a diferença entre predicados como [está sobre a mesa] *versus* [está feliz] é dada não pelo verbo *estar*, mas, antes, pela categoria não verbal que o sucede. Em (10c), o valor espacial-relacional é conferido pelo núcleo P, não por V.

Por fim, como aprendemos no capítulo anterior, predicados podem apresentar, no domínio do SV, uma minioração ao lado de um verbo transitivo ou intransitivo. Quando isso acontece, a oração será estruturada por meio de duas predicações: a da categoria verbal V e a da categoria não verbal N ou A, presente no interior da minioração. A nomenclatura oficial para a subclassificação desse tipo de predicação dupla é **predicado verbo-nominal**. A seguir, veremos exemplos desse caso.

(11) a. O autor [$_{SV}$ achou o lançamento do livro um sucesso].
b. Todos [$_{SV}$ saíram assustados da festa].

Em (11a), o verbo [achar] define um predicado verbal, pois se trata de uma categoria V que perfaz a predicação entre o sujeito [o autor] e a minioração [o lançamento do livro um sucesso]. Por sua vez, no domínio da minioração ocorre outra predicação, agora não verbal, posto que o núcleo do SN [um sucesso] encerra uma predicação sobre seu argumento [o lançamento do livro]. Como, no SV, identifica-se predicação verbal e não verbal, o respectivo predicado é subclassificado como verbo-nominal. Caso semelhante acontece em (11b). Aqui, tanto o núcleo V [saíram] quanto o núcleo A [assustados] são predicadores do sujeito [todos]. Há, novamente, um predicado verbo-nominal, ou seja, trata-se de uma dupla predicação articulada por uma categoria verbal e outra não verbal.

6. OBJETOS

Quando o núcleo de um predicado verbal é um verbo transitivo direto, a respectiva categoria V selecionará como complemento um SN ou um SP – ou, mesmo, uma nova oração. Em tais casos, a função sintática do complemento de V será classificada como **objeto direto** ou **objeto indireto**. A diferença entre ambas as funções sintáticas é a categoria do sintagma complemento: se o complemento é um SN, a função será objeto direto; se se trata de um SP, a função será objeto indireto.

TRANSITIVIDADE DE V, OBJETO DIRETO PREPOSICIONADO E CLÍTICOS

A Gramática Normativa Tradicional contradiz a noção de "objeto direto" ao classificar certos complementos verbais como "objetos diretos preposicionados", em frases como *amar a Deus*. Na verdade, esses complementos são SPs em um caso bastante específico de "objeto direto": aqui, o que define a classificação do subtipo de objeto não é o sintagma (se SN ou SP) selecionado como complemento, mas, sim, a transitividade de V. Dessa forma, como o V *amar* é transitivo direto, então seu complemento será sempre um objeto direto, ainda que preposicionado. O mesmo acontece nos objetos diretos preposicionados em expressões como *comer do bolo* e *beber do vinho*. Esses V são também transitivos diretos.

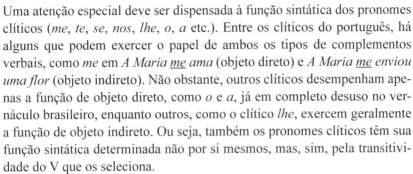

Uma atenção especial deve ser dispensada à função sintática dos pronomes clíticos (*me*, *te*, *se*, *nos*, *lhe*, *o*, *a* etc.). Entre os clíticos do português, há alguns que podem exercer o papel de ambos os tipos de complementos verbais, como *me* em *A Maria me ama* (objeto direto) e *A Maria me enviou uma flor* (objeto indireto). Não obstante, outros clíticos desempenham apenas a função de objeto direto, como *o* e *a*, já em completo desuso no vernáculo brasileiro, enquanto outros, como o clítico *lhe*, exercem geralmente a função de objeto indireto. Ou seja, também os pronomes clíticos têm sua função sintática determinada não por si mesmos, mas, sim, pela transitividade do V que os seleciona.

Um estudo pioneiro e abrangente sobre o uso dos clíticos no vernáculo do PB pode ser encontrado em Monteiro (1994).

(12) a. A escola [_{SV} encomendou [_{SN} diversos livros importantes]].
b. O povo brasileiro [_{SV} necessita [_{SP} de muito mais investimentos na Educação]].
c. [_{SV} Demos [_{SV} um belo presente [_{SP} ao orador da turma]]].
d. Ele [_{SV} disse [_{ORAÇÃO} que o filme veicula ideias progressistas]].
e. [_{SV} Não se esqueça [_{ORAÇÃO} de que todo poder deveria emanar do povo]].

Nos exemplos anteriores, verificamos que, em (12a), o complemento de V é um SN, caracterizando, assim, um objeto direto. Já em (12b), V é complementado por um SP, definindo, portanto, um objeto indireto. Em (12c), temos o verbo bitransitivo [dar], que possui ambos SN e SP como complementos, respectivamente, classificados como objeto direto e objeto indireto. Por fim, (10d) e (10e) ilustram ocorrências de complementos de V em forma de oração encaixada. No segundo caso, a oração se encaixa na matriz por meio de uma preposição, o que a identifica como um caso de **objeto indireto oracional**. Isso a difere do primeiro caso, em que a oração se encaixa diretamente na matriz, se caracterizando como um **objeto direto oracional**.

OBJETO NULO E ELIPSE DO OBJETO

Assim como acontece com o sujeito, o objeto direto também pode não ser pronunciado. Isso pode acontecer, basicamente, em dois casos: na retomada anafórica do objeto ou em sua omissão. No primeiro caso, introduzimos um SN que será retomado por uma anáfora zero na função de objeto. É o que vemos no seguinte exemplo:

Ganhei um livro do Chomsky, mas ainda não consegui ler Ø.

Repare que poderíamos usar um pronome como complemento verbal nessa frase: *...mas ainda não consegui lê-lo* ou *...mas ainda não consegui ler ele*. Contudo, a retomada anafórica por **objeto nulo** é uma estratégia muito produtiva em PB (ao contrário do que vemos no português europeu, por exemplo) e costuma acontecer quando o antecedente se refere a um ser inanimado, especialmente quando for não humano, como [um livro do Chomsky] no nosso exemplo. Com antecedentes humanos, a retomada anafórica pronominal é favorecida. Julgue você mesmo estes dois exemplos e pense em qual deles parece soar mais natural em seu dialeto:

Conheci uma professora de Linguística, mas não encontrei mais [ela] pelo campus.
Conheci uma professora de Linguística, mas não encontrei mais [Ø] pelo campus.

Os casos de omissão do objeto, por outro lado, costumam ser mais problemáticos para uma análise baseada na tradição gramatical. Aqui estamos diante de verbos que são considerados "canonicamente" como transitivos diretos (*beber*, *fumar*, *chutar*, *cortar* etc.) e que passam a ser usados de maneira intransitiva. Alguns mudam seu significado, outros não. Compare os seguintes pares de exemplos (com os verbos *fumar* e *beber*):

O João fuma charutos x *O João fuma*
A Maria bebe muita água no verão x *A Maria bebe muito no verão*

Repare como o uso intransitivo desses verbos parece especializá-los: *fumar* intransitivo significa "fumar cigarros" (não charutos...) e *beber* intransitivo significa "beber bebidas alcóolicas" (não água ou suco...).
Outros verbos, quando usados intransitivamente, não alteram sua carga semântica, como *chutar* e *cortar*, por exemplo:

Ronaldo chutou a bola x *Ronaldo chuta muito*
Essa faca corta queijo x *Essa faca corta bem*

O leitor interessado no estudo dos objetos nulos pode encontrar uma discussão mais aprofundada, e muito acessível, em Monteiro (1994) e Bagno (2011). Sobre a omissão de objeto, há uma tese relativamente recente que traz um panorama sobre o assunto: Loredo Neta (2014).

7. PREDICATIVOS

Nos predicados nominais e verbo-nominais, a predicação não verbal será exercida justamente por uma categoria não verbal: N, A ou P. O sintagma que domina cada um desses núcleos deverá ser classificado, no domínio do predicado, com a função sintática denominada **predicativo**. Vejamos alguns exemplos.

(13) a. O povo [$_{SV}$ está [$_{SA}$ extremamente ultrajado]].
b. Aquela palestra [$_{SV}$ foi [$_{SN}$ uma beleza]].
c. Eu [$_{SV}$ considerei a aula [$_{SA}$ muito proveitosa]].
d. Os impunes [$_{SV}$ comemoraram [$_{SA}$ aliviados]].
e. A Maria [$_{SV}$ é [$_{SP}$ de Florianópolis]].

O SA [extremamente ultrajado] e o SN [uma beleza] são predicativos no interior do predicado nominal no qual se inserem, respectivamente, em (13a) e (13b). Tais predicativos, em virtude de se estruturarem num predicado não verbal, farão sempre a predicação acerca do sujeito da oração, razão pela qual se subclassificam como **predicativo do sujeito**. Por sua vez, (13c) e (13d) demonstram o caso de predicados mistos, isto é, verbo-nominais. Nesses casos, o sintagma com a função de predicativo poderá referir-se ao sujeito da oração, como acontece com o SA [aliviados], em (13d), ou poderá se caracterizar como um **predicativo do objeto**, referindo-se ao complemento de V (objeto), conforme acontece em (13c):

[$_{SV/PREDICADO}$ considerei [$_{SN/OBJETO}$ a aula [$_{SA/PREDICATIVO}$ muito proveitosa]].

Finalmente, em (13e), vemos um predicativo do sujeito estruturado como um SP – algo não reconhecido pela tradição gramatical. Temos aqui uma preposição lexical, que denota a ideia de "origem", ao passo que o verbo copulativo – como já vimos – não predica sobre o sujeito da oração.

8. COMPLEMENTO NOMINAL

No domínio do SN sujeito ou do SV predicado, podem ser estruturados diferentes tipos de sintagmas. Esses sintagmas, conforme já estudamos acerca do fenômeno da recursividade, poderão possuir, eles próprios, outros sintagmas dentro de si. Quando, em alguma posição da oração, encontramos um complemento SP selecionado por um núcleo N ou um núcleo A, teremos nesse SP, tal como ilustrado a seguir, caracterizada a função sintática de **complemento nominal**.

(14) a. [$_{SN}$ A invasão [$_{SP}$ de privacidade]] tornou-se comum no mundo moderno.
b. Os políticos [$_{SV}$ não parecem [$_{SA}$ conscientes [$_{SP}$ de sua responsabilidade social]]].
c. Ela [$_{SV}$ está [$_{SA}$ convencida [$_{ORAÇÃO}$ de que será uma excelente presidenta]]].

Notamos, em (14a), que o SP [de privacidade] é selecionado como complemento do núcleo do sujeito [invasão]. Trata-se, assim, de um complemento nominal. Essa mesma função sintática pode ser identificada, em (14b), no interior do predicado, na forma do SP [de sua responsabilidade social], que é complemento no núcleo do predicativo, o adjetivo [conscientes]. Já em (14c), uma oração inteira é selecionada como complemento nominal do núcleo adjetival [convencida]. Trata-se de um complemento nominal oracional.

9. AGENTE DA PASSIVA

A NGB define como **voz passiva** analítica a estrutura sintática que manifesta um sujeito com valor semântico de paciente relacionado a um predicado articulado por uma locução verbal. Nessa locução, o verbo principal pertencerá a uma categoria transitiva e aparecerá na forma de particípio. O verbo auxiliar, por sua vez, será tipicamente o item *ser* em alguma de suas flexões (muito embora outros verbos, como *ficar* e *ter*, também possam ocupar a posição de auxiliar nesse tipo de SV).

(15) [$_{SN}$ João [$_{SV}$ foi eleito líder sindical]].

Nesse exemplo, estamos diante de uma voz passiva porque o SN sujeito possui interpretação semântica de paciente e o SV predicado encontra-se na forma da locução "*ser* + particípio". Em tais tipos de construção sintática, é possível expressar, na sintaxe, o agente (semântico) responsável pela ação descrita na locução verbal. Nesse caso, tal elemento será veiculado por um SP, que receberá a classificação de **agente da passiva**.

(16) [$_{SN}$ João [$_{SV}$ foi eleito líder sindical [$_{SP}$ pela maioria dos votantes]]].

Você deve ter percebido que, mais uma vez, a NGB nomeia uma função sintática em razão de preocupações puramente semânticas. Afinal, "agente" é uma categoria conceitual (o famigerado "ser que pratica uma ação") que não é útil para a caracterização de fenômenos estritamente sintáticos. O chamado "agente da passiva" é, na verdade, um SP adjunto cujo papel semântico infelizmente tornou-se o nome oficial de uma função sintática.

Por outro lado, uma outra observação pertinente envolvendo a interface sintaxe-semântica é, via de regra, esquecida pela tradição gramatical. Ao contrário do que se pode inferir a partir de uma lição sobre "conversão entre ativas e passivas", não são todas as orações ativas com verbos transitivos diretos que podem ser convertidas a estruturas passivas correspondentes. Repare como podemos fazer a conversão com (17), mas não chegamos a um resultado aceitável com (18).

(17) a. O Pedro quebrou a perna da mesa jogando pingue-pongue. (ATIVA)
b. A perna da mesa foi quebrada pelo Pedro jogando pingue-pongue. (PASSIVA)
(18) a. O Pedro quebrou a perna jogando futebol. (ATIVA)
b. ?? A perna do Pedro foi quebrada por ele jogando futebol. (PASSIVA)

A frase em (18b) é estranha porque o sujeito da voz ativa, em (18a), é um sujeito paciente, que sofre a ação verbal. Por isso, nossa tentativa de transformá-lo em **agente** (da passiva) em (18b) resulta em uma construção tão estranha. O que muitas gramáticas não nos contam é que, na conversão entre voz ativa e voz passiva, há uma restrição **sintática** (apenas orações com verbos transitivos diretos podem ser expressas na voz passiva) e **semântica** (apenas sujeitos agentes em orações expressas na voz ativa podem figurar como, justamente, **agentes da passiva** na voz passiva correspondente).

> **VOZ PASSIVA SINTÉTICA**
>
> A NGB prescreve, ainda, a classificação **voz passiva sintética** para os casos de verbos transitivos articulados com a partícula *-SE*, como em *elegeu-se o líder sindical*. De acordo com esse preceito, o SN tipicamente posposto à construção "verbo transitivo + *SE*" deve ser interpretado como o sujeito da oração. Trata-se de uma prescrição contraintuitiva, considerando-se o uso pervasivo da partícula *-SE* como índice de indeterminação do sujeito em terceira pessoa do singular, mesmo com verbos transitivos diretos (cf. Ferrari-Neto, Silva e Fortes, 2010). Não é por outra razão que, nas chamadas orações com passivas sintáticas, raramente ocorre concordância com o suposto sujeito posposto, inclusive nos registros mais formais da escrita, quando esse se encontra no plural: por exemplo, *aceita-se encomendas*.

10. ADJUNTOS

Como já estudamos anteriormente sobre a noção de constituinte, os sintagmas de uma língua, depois de serem constituídos internamente por seu núcleo, seu complemento e seu especificador, podem sofrer, livremente, a adjunção de outros sintagmas (ou orações). A função sintática a ser atribuída a esses elementos adjungidos é a de **adjunto adverbial** ou **adjunto adnominal**. A diferença entre essas duas nomenclaturas não diz respeito propriamente ao adjunto, mas, antes, ao sintagma que recebe a adjunção: se um SP ou uma oração se adjunge a um SV, ele/ela será caracterizado/a como um adjunto verbal (isto é, adverbial); já se um SA, um SP ou uma oração se adjunge a um SN, então teremos um adjunto não verbal (isto é, adnominal).

(19) a. O aluno [$_{SV}$ concluiu a avaliação [$_{SP}$ em menos de dez minutos]].
 b. [$_{SN}$ Um cidadão [$_{SA}$ honesto]] não vota em ficha suja.
 c. Todos compraram [$_{SN}$ o livro [$_{SP}$ de Sintaxe]].
 d. [$_{SN}$ Livros [$_{SP}$ de [$_{SN}$ análise [$_{SA}$ sintática [$_{SA}$ bem escritos]]]]] não são raros.
 e. A chuva [$_{SV}$ começou [$_{ORAÇÃO}$ quando eu cheguei em casa]].
 f. [$_{SN}$ O filme [$_{ORAÇÃO}$ que você me recomendou]] é mesmo muito interessante.

Nesses exemplos, podemos analisar casos de adjunção a SN (adjunto adnominal) exercidas por um SA, um SP ou uma oração, bem como adjunções feitas a um SV (adjunto adverbial), levadas a cabo por um SP ou por uma oração. Em (19a), o SP [em menos de dez minutos] foi adjungido a um SV, caracterizando-se como adjunto adverbial. Também em (19e) é um SV que recebe o termo adjunto [quando eu cheguei em casa], o qual, nesse caso, é uma oração inteira – um adjunto adverbial oracional. Nas frases (19b) e (19c), temos a função de adjunto adnominal, dado que, no primeiro caso, o SA [honesto] se adjunge ao SN [um cidadão], enquanto, no segundo, o SP [de Sintaxe] é adjungido ao SN [o livro]. Em (19f), ilustra-se o caso de um adjunto adnominal oracional, pois a oração [que você me recomendou] foi adjungida ao SN [o filme]. Note, agora, que o exemplo (19d) é particularmente interessante. Nele, acontecem múltiplas adjunções nominais: o SP [de análise] é adjungido ao SN [livros], em seguida o SA [sintática] se adjunge ao SN [análise], presente no domínio do SP à sua esquerda, e finalmente o SA [bem escritos] faz adjunção a todo o SN [livros de análise sintática]. Eis aqui um belo exemplo da recursividade de adjunções sintáticas.

Devemos destacar que, nas lições de análise sintática mais tradicionais e normativas, os adjuntos adverbiais costumam ter especificado, ao lado de sua classificação sintática, o tipo semântico da modificação que efetuam sobre o sintagma que sofreu a adjunção. Assim, estudantes familiarizados com a NGB devem reconhecer expressões como "adjunto adverbial de tempo", "oração adverbial de modo", "adjunto adverbial de dúvida", "oração adverbial proporcional" etc. Essa hiperespecificação semântica pode ser útil para a discussão de aspectos conceituais dos adjuntos, mas ela não caracteriza, de modo algum, tipos particulares de adjunção sintática. Adjuntos em Sintaxe são somente "adjuntos", sejam sintagmáticos, oracionais, adjungidos a elementos verbais ou não verbais.

11. FUNÇÕES DISCURSIVAS

A NGB reserva, finalmente, a classificação de duas "funções sintáticas" que, de fato, não dizem respeito ao papel desempenhado, entre si, por núcleos, complementos, especificadores ou adjuntos. Trata-se de elementos de valor discursivo alocados à parte numa dada frase. São eles o **vocativo** e o **aposto**.

O vocativo é a função dos chamamentos feitos ao interlocutor a quem a frase se dirige. Vocativos podem ocorrer antes da oração, ao seu fim ou, mesmo, intercalados no interior da oração, tal como vemos respectivamente a seguir.

(20) a. [$_{VOCATIVO}$ Senhor presidente], o povo exige respeito a seus direitos!
b. Não fale assim tão alto, [$_{VOCATIVO}$ meu amigo].
c. Este livro, [$_{VOCATIVO}$ caro leitor], foi feito especialmente para você.

Um aposto, por seu turno, introduz na oração um termo "relativo" a outro já mencionado na frase. Em (21), podemos identificar apostos que, discursivamente, apresentam informação adicional ao nome citado imediatamente à sua esquerda.

(21) a. Ontem encontramos João, [$_{APOSTO}$ pai de Maria], no ônibus.
b. Linguística, [$_{APOSTO}$ a ciência da linguagem], possui inúmeras subdivisões.
c. Muitos cientistas são bons escritores: [$_{APOSTO}$ Darwin, Pinker, Dawkins, Sagan...]

Devido à sua natureza discursiva, o aposto assumirá, numa frase, diversos tipos de valor informacional em relação ao termo a que se apõe: explicação, enumeração, resumo, recapitulação, comparação, entre outros. Nada disso, no entanto, caracteriza algum de fenômeno de interesse para o estudo da sintaxe *stricto sensu*.

12. OUTRAS FUNÇÕES

Alguns gramáticos (como Luft, Bechara, Rocha Lima) reconheceram que a NGB falhava ao não prever que um constituinte de natureza adverbial pudesse ser selecionado como complemento por um verbo que descreve, semanticamente, um movimento no espaço físico, como *ir*, *chegar* etc. Em predicados com verbos dessa natureza, a Sintaxe Normativa Tradicional peca, mais uma vez, ao designar como "adjunto adverbial" um SP que é, na verdade, complemento de V, tal como podemos ver a seguir.

(22) a. O carioca [$_{SV}$ vai [$_{SP}$ à praia mesmo sem sol]].
b. *O carioca [$_{SV}$ vai].

Para a Gramática Normativa Tradicional, o núcleo do SV da frase em (22a) deve ser classificado como intransitivo e, por isso mesmo, não selecionaria nenhum complemento. O SP dessa oração seria, assim, um adjunto adverbial (de lugar). Ora, trata-se de uma análise flagrantemente incorreta, pois a ausência do referido SP provoca a agramaticalidade na sentença, conforme se atesta em (22b). Sabemos, desde o capítulo anterior, que a propriedade de provocar agramaticalidade quando ausentes é privativa dos complementos (a rigor, dos argumentos). Dessa maneira, tal SP não pode ser identificado como adjunto. A fim de contornar o equívoco, alguns gramáticos sugeriram a adição de mais um termo no inventário de nossas funções sintáticas: o **complemento circunstancial** (ou **complemento adverbial**, ou ainda **complemento locativo** – novamente aqui temos uma variação na terminologia adotada por cada gramático, uma vez que essa função sintática não foi prevista pela NGB).

Um complemento circunstancial é um SP, como o presente em (22a), que é selecionado por um **verbo transitivo circunstancial**, isto é, um verbo que seleciona como complemento uma categoria adverbial. Esse SP não se confundirá com um objeto indireto, porque esse último possui valor "nominal", e não "circunstancial". Vemos tal diferença no contraste que segue.

(23) a. Eu preciso [$_{SP/OBJETO\ INDIRETO}$ de uma casa].
b. Eu cheguei [$_{SP/COMPLEMENTO\ CIRCUNTANCIAL}$ em uma casa].

Além dessa, uma outra função sintática não oficial vem sendo fartamente utilizada por linguistas e bons gramáticos na descrição das línguas: o **parentético**. Trata-se de um termo que, assim como o aposto, aparece interpolado numa oração e desempenha função discursiva. Os parentéticos inserem verdadeiros "parênteses" num período, os quais veiculam comentários paralelos à oração, numa espécie de frase à parte.

(24) a. Esse livro, [$_{PARENTÉTICO}$ aliás um gigante calhamaço, diga-se de passagem], é muito interessante.
b. O show vai começar, [$_{PARENTÉTICO}$ disseram os organizadores], às 21h.

c. Aquele deputado disse, [_PARENTÉTICO_ que mentira!], [_PARENTÉTICO_ que cara de pau!], que não é dono do dinheiro em sua conta.

Um parentético não se confundiria com um aposto porque não se caracterizaria como uma explicação ou um detalhamento acerca de algum termo já citado na frase. Ele teria, de fato, a propriedade de veicular comentários muito mais livres e independentes, conforme podemos fazer, na língua escrita, com o recurso dos parênteses. O parentético é um fenômeno interessante, que demonstra um tipo de construção dinâmica que se estabelece na fronteira entre sintaxe e discurso.

Outra função que se situa na fronteira entre sintaxe e discurso é a função de **tópico**, muito cara aos estudos sintáticos de base funcionalista (como veremos no capítulo "Duas abordagens no estudo da Sintaxe"). O tópico, codificado como um SN que normalmente ocupa a posição inicial da sentença, por vezes confunde-se com o sujeito da frase. É o que vemos, por exemplo, em construções como as seguintes:

(25) [_TÓPICO_ Essa mesa] cabe bastante gente.
(26) [_TÓPICO_ Essa janela aberta] venta muito.
(27) [_TÓPICO_ Meu carro] furou o pneu quando eu chegava no *campus*.
(28) [_TÓPICO_ A roupa] está lavando.

Repare como esses elementos topicalizados se parecem com o sujeito: são todos SNs que figuram no início da frase. Contudo, esses elementos não têm algumas características semânticas que consideramos prototípicas em SN que atuam como sujeito, tais como ter um papel semântico de agente e denotar um ser animado e volitivo. Além disso, alguns deles parecem poder aparecer preposicionados caso a frase fosse sintaticamente "mais comportada", isto é, mais semelhantes ao registo formal padrão na língua, como nos casos de (25'), (26') e (27').

(25') Cabe bastante gente [nesta mesa].
(26') Venta muito [por essa janela aberta].
(27') Furou o pneu [do meu carro] quando eu chegava no *campus*.

Além disso, as construções parecem perverter a **valência verbal** tradicional. Por exemplo: o verbo *lavar* exige um sujeito agente, mas o que vemos em (28) é um elemento paciente. Na verdade, o objeto direto de *lavar* está ocupando a posição inicial da frase, tal como um sujeito faria (*Eu estou lavando [a roupa]* seria uma versão mais "padrão" de (28)). Finalmente, os tópicos costumam receber um tratamento prosódico diferenciado. Eles geralmente se encontram isolados do restante da frase por uma pausa entoacional. Daí por que encontramos, nas produções escritas de nossos alunos, frequentemente uma vírgula separando o tópico do restante da frase.

(25") [_TÓPICO Essa mesa]**,** cabe bastante gente.
(26") [_TÓPICO Essa janela aberta]**,** venta muito.
(27") [_TÓPICO Meu carro]**,** furou o pneu quando eu chegava ao campus.
(28") [_TÓPICO A roupa]**,** está lavando.

As construções de tópico são muito frequentes na fala vernacular brasileira, ainda que muito menos comuns na escrita padrão em PB.

TÓPICOS E TOPICALIZAÇÃO

Uma estratégia de topicalização produtiva em português é aquela em que o sujeito gramatical desempenha a função discursiva de tópico da frase, como vemos com os sintagmas destacados entre colchetes nos seguintes exemplos:

A: O que o João fez?
B: [O João] chutou o Pedro.
A: Você sabe quem pegou o dinheiro que estava aqui?
B: Eu? [Eu] não sei!

Os elementos destacados entre colchetes nas respostas de B desempenham dupla função: atuam tanto como sujeitos do verbo e como tópicos da frase, uma função dupla na interface entre sintaxe e discurso. De maneira geral, os elementos topicalizados recebem uma posição de destaque na estrutura sintática da frase, além de um realce em termos prosódicos, como dissemos. Outra construção de topicalização produtiva em PB é o simples deslocamento de constituintes da frase, como vemos abaixo.

A: Você tem visto o João?
B: [O João], eu vi (ele) ontem mesmo no cinema.
A: O que tem dentro desta gaveta?
B: [Nesta gaveta] eu guardo todos os meus segredos.

Finalmente, há ainda construções em que o tópico aparece como sujeito de verbos em construções normalmente não aceitas pela Gramática Normativa Tradicional e atípicas no português europeu, como vimos nos exemplos anteriores, que ficaram fora desta caixa explicativa. Os dois estudos pioneiros – e acessíveis – sobre tópicos em PB foram Pontes (1986 e 1987). Desde então, obviamente, a investigação linguística avançou muito no Brasil e, por isso, a literatura especializada é vasta.

Concluiremos este capítulo, a seguir, apresentando algumas críticas à NGB e ao ensino de Gramática Tradicional e taxonômica que era a regra nas escolas até alguns anos atrás.

13. CRÍTICA

Nas aulas de Sintaxe, nas gramáticas e nos livros didáticos, as funções sintáticas poderiam ser designadas por um inventário de termos muito mais simples do que o proposto pela NGB – no ano de 1959 e até hoje em vigência. Kenedy (2010), por exemplo, propôs a redução das 11 funções e das 10 subfunções preconizadas na NGB para um conjunto formado por somente 4 termos: sujeito, predicado, complemento e adjunto. Tal proposta não eliminaria os detalhes das quase duas dúzias de termos preconizados pela NGB. Os 4 termos propostos deverão receber subclassificações de acordo com o nível de detalhes sintáticos (e não semânticos) que se deseja empregar numa dada análise. Com efeito, as subclassificações do sujeito (em nulo ou preenchido), do predicado (em verbal, não verbal ou misto), do complemento (em verbal ou não verbal) e do adjunto (em verbal ou não verbal) não definem novas funções sintáticas, mas, antes, apresentam características do núcleo do sujeito ou do núcleo do predicado e formulam especificações sobre o núcleo selecionador de argumentos ou de adjuntos.

HIPERINFLAÇÃO TERMINOLÓGICA

A NGB também peca ao conferir nomes extensos e de difícil memorização às funções sintáticas quando desempenhadas por orações – e não por sintagmas não oracionais. Neste livro, fazemos referência a constituintes oracionais simplesmente como, por exemplo, objeto direto oracional, complemento nominal oracional etc. Na NGB, infelizmente, os termos não são tão simples assim. Note, na tabela abaixo, a inflação gerada com a adição de novos e complexos nomes propostos na NGB para o período composto acerca de funções sintáticas que receberam uma nomenclatura específica no período simples.

Função sintática	Quando oracional
Sujeito	Oração subordinada substantiva subjetiva – desenvolvida ou reduzida de infinitivo, gerúndio ou particípio.
Predicado	–
Objeto direto	Oração subordinada substantiva objetiva direta – desenvolvida ou reduzida de infinitivo, gerúndio ou particípio.
Objeto indireto	Oração subordinada objetiva indireta – desenvolvida ou reduzida de infinitivo, gerúndio ou particípio.
Complemento nominal	Oração subordinada substantiva completiva nominal – desenvolvida ou reduzida de infinitivo, gerúndio ou particípio.
Predicativo	Oração subordinada substantiva predicativa – desenvolvida ou reduzida de infinitivo, gerúndio ou particípio.
Agente da passiva	Oração subordinada substantiva agentiva – desenvolvida ou reduzida de infinitivo, gerúndio ou particípio.
Adjunto adverbial	Oração subordinada adverbial e sua especificação semântica – desenvolvida ou reduzida de infinitivo, gerúndio ou particípio.
Adjunto adnominal	Oração subordinada adjetiva restritiva – desenvolvida ou reduzida de infinitivo, gerúndio ou particípio.
Vocativo	Oração subordinada vocativa.
Aposto	Oração subordinada apositiva.

Na verdade, considerando-se a árvore sintática apresentada no início deste capítulo, reproduzida novamente a seguir, o estudo integrado da noção de constituinte e do conceito de função sintática parece se apresentar de forma espontânea. Senão, vejamos.

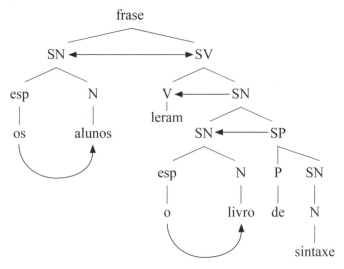

A identificação do SN mais alto na estrutura da frase poderá ser associada, de maneira sistemática, à noção de sujeito, sem que se faça qualquer apelo a entidades semânticas (como "ser que pratica ação", "coisa sobre a qual se fala") indesejáveis no estudo do componente sintático da língua. Da mesma forma, a análise dos constituintes e das funções sintáticas internas a esse SN sujeito revelará, com as noções de especificador/adjunto e núcleo do sujeito, um padrão sintático que poderá ser encontrado em outros SNs presentes numa oração. Por exemplo, será fácil para o estudante identificar as relações de especificador/adjunto e núcleo do complemento no SN complemento de V [o livro], o qual se amplia pelo adjunto [de sintaxe], que também se presta para a análise da relação forma/função como núcleo do adjunto (assumindo que preposições não desempenham funções sintáticas).

Do mesmo modo, a noção de predicado poderá ser relacionada à identificação do SV de uma estrutura frasal, o que dispensará o recurso a definições extrassintáticas como "aquilo que se declara sobre o sujeito". A identificação, por exemplo, numa árvore sintática, da categoria morfossintática do núcleo predicado (V, N, A ou P), também tornará mais evidente a motivação para os subtipos de predicado. Em suma, o estudo da sintaxe conduzido de uma maneira científica, em que se respeitem o princípio da parcimônia e a ordenação didática entre fenômenos primitivos (estrutura sintagmática) e derivados (função sintática), poderá tornar, na escola, o aprendizado da teoria sintática uma atividade muito mais racional e agradável aos estudantes.

Esperamos que o capítulo tenha aberto a mente do leitor sobre a possibilidade de prosseguir com seus estudos sintáticos de base formal e descritiva. A seguir, deixamos algumas sugestões de leituras complementares que o leitor pode fazer para se aprofundar nos temas abordados no capítulo.

Leituras complementares

Para se aprofundar na análise sintática dos termos da oração, nada melhor do que ler e se familiarizar com uma boa gramática. Entre as gramáticas mais "tradicionais", o leitor pode consultar, por exemplo, as gramáticas de Celso Pedro Luft, Evanildo Bechara, Rocha Lima ou Celso Cunha e Lindley Cintra.

Entre as gramáticas mais modernas, há boas opções no mercado editorial brasileiro, como Azeredo (2008), Castilho (2010), Bagno (2011), Hauy (2014) e Perini (2016). Acreditamos que todo estudante de Letras ou de Linguística deveria ler integralmente pelo menos uma gramática normativa tradicional e uma gramática mais moderna. Faça esse exercício depois de terminar a leitura deste livro.

Sobre a NGB e os estudos gramaticais brasileiros, recomendamos Henriques (2009) e Kenedy (2010). Sobre temas específicos tratados no capítulo, recomendamos as leituras sugeridas dentro das caixas explicativas ao longo do capítulo.

Exercícios

1. O que é a NGB? Quando e por que ela foi criada?

2. Efetue a análise sintática das seguintes frases, identificando a função sintática dos agrupamentos destacados por colchetes:
   a. [Derrubaram] [o muro] [ontem à noite].
   b. [Por quem] foram examinados [aqueles candidatos [ao mestrado]]?
   c. [Quem não chora] [não mama].
   d. [Muitos dos meus amigos] [moram [em Porto Alegre]].
   e. [O João] [é [um cara [que não bebe]]].
   f. [Não [me] agrada] [lembrar [o passado]].
   g. [O avô [do Pedro]] [contou [a seus netos] [suas peripécias de criança]].
   h. [O medo [de avião] [do João]] [[me] deixa [irritado]].

3. Nas frases a seguir, diga se os termos destacados são predicados *verbais* ou *verbo-nominais* (ou se ambas as leituras são possíveis). Utilize os testes de *pronominalização* e *clivagem* para corroborar suas escolhas.
   a. A Maria *bebeu o café gelado*.
   b. O Pedro *chamou o João de idiota*.
   c. Eu *quero este carro veloz*!

4. Comente o seguinte trecho de Perini (1985: 6):

   > As falhas da Gramática Tradicional são, em geral, resumidas em três grandes pontos: sua inconsistência teórica e falta de coerência interna; seu caráter predominantemente normativo; e o enfoque centrado em uma variedade da língua, o dialeto padrão (escrito), com exclusão de todas as outras variantes.

ARTICULAÇÃO ENTRE ORAÇÕES

Objetivos gerais do capítulo

- Noção de oração – caracterizaremos "oração" como um nível de análise em Sintaxe e descreveremos as diferentes formas de um período composto por pelo menos duas orações;
- Tipos de articulação entre orações – analisaremos orações articuladas por "encaixamento", por "hipotaxe" e por "parataxe";
- Casos complexos – abordaremos fenômenos limítrofes entre as tradicionais categorias de "subordinação" e "coordenação", bem como daremos atenção especial aos casos dos períodos mistos, das orações correlatas e das orações desgarradas.

É importante lembrar que a leitura deste capítulo pressupõe o domínio dos conceitos explorados nos capítulos anteriores deste livro.

1. MÚLTIPLAS ORAÇÕES NO PERÍODO

A principal propriedade da linguagem humana é a sua **produtividade**. Qualquer língua natural, seja aquela de tradição letrada milenar ou a ágrafa de povos caçadores-coletores, é capaz de expressar todos os tipos de conceitos e proposições que tomam forma em nossos pensamentos. Não há limite para o que podemos dizer ou compreender quando dominamos uma língua específica, como o português, a Libras ou o pirahã. É isso o que os linguistas querem significar com o termo "produtividade". Tal propriedade distingue a espécie humana de todo o restante da natureza conhecida, porque os sistemas de comunicação mais complexos encontrados entre os animais cognitivamente mais sofisticados – como macacos vervet e golfinhos – não são produtivos, isto é, tais sistemas de comunicação permitem a veiculação de apenas um número muito limitado de expressões, como a indicação de perigo ou de fonte de alimento. Ocorre que, na verdade, a produtividade é consequência de uma característica mais básica das línguas humanas: a **articulação**. As diferentes articulações da linguagem haviam sido apontadas já no final dos anos 1950 pelo célebre linguista francês André Martinet (cf. Martinet, 1970 [1960]). Mas o que é "articulação" e como ela se dá entre unidades linguísticas?

Em todos os seus níveis estruturais, uma língua natural é composta por unidades básicas que se articulam entre si para dar origem a unidades mais complexas em uma camada estruturalmente superior. Por exemplo, na fonologia, fonemas se articulam de forma a construir sílabas. As sílabas, por sua vez, são articuladas no nível linguístico imediatamente superior – a morfologia – de modo a dar à luz unidades significativas, os morfemas. Por seu turno, morfemas se articulam entre si e geram unidades superiores – as palavras –, no nível lexical. A articulação entre unidades linguísticas não se esgota com a estruturação do léxico. Como estudamos no primeiro capítulo, as palavras deixam o nível lexical e adentram no nível sintático quando se articulam e compõem um sintagma, o qual, uma vez constituído, pode se combinar com outro, a fim de estruturar um novo e mais complexo sintagma.

> Nem sempre uma unidade de nível estruturalmente superior é formada por duas unidades de um nível mais básico. Com efeito, há fonemas, como as vogais em português, que podem compor uma sílaba por si mesmos, sem a obrigatoriedade de articulação com outro (ex. *a-mor*). Também há casos em que um fonema coincide com a noção de morfema, mas não com a de sílaba (ex. *livro-s*). Além disso, uma sílaba pode coincidir com a noção de morfema e de item lexical (ex. *mar*) – para saber mais a esse respeito, veja os volumes *Para conhecer morfologia* e *Para conhecer fonética e fonologia do português brasileiro*, desta coleção.
>
> Um sintagma, da mesma forma, pode ser composto por apenas um item lexical (ex. *casas*), bem como uma sentença inteira pode ser articulada por somente uma palavra foneticamente realizada, num predicado com sujeito nulo (ex. *Ø choveu*), como discutimos nos capítulos anteriores.
>
> Os parágrafos de introdução deste capítulo apresentam, portanto, uma simplificação didática.

Ainda no nível da sintaxe, vimos, no capítulo anterior, que um SV (predicado) se articula a um SN (sujeito) numa estrutura de predicação particularmente importante para a análise linguística: a oração. Ora, até o presente momento, vínhamos dando ênfase às estruturas sintáticas do chamado período simples, no âmbito do qual a noção de oração coincide com a de frase – ou seja, analisamos, até aqui, exemplos em que uma frase é composta por uma e somente uma oração. Pois bem, é hora de estendermos a complexidade de nossa análise aos diferentes tipos de período composto. Neles, duas ou mais orações, cada qual com sua própria predicação entre SV (predicado) e SN (sujeito), são articuladas entre si na estruturação de uma frase.

A articulação entre orações na composição do período é o nível mais complexo da análise sintática. Acima do limite da sentença, a articulação entre unidades linguísticas atinge o nível máximo da complexidade de uma língua natural e dá origem ao fenômeno do **discurso**. Note, no esquema a seguir, como as unidades mais básicas (à esquerda) se articulam e vão dando origem a estruturas mais complexas (à direita).

FONEMA > SÍLABA > MORFEMA > PALAVRA > SINTAGMA > ORAÇÃO > FRASE > DISCURSO

Você certamente já estudou o tema da articulação entre orações durante os anos de sua formação na educação básica. Infelizmente, por conta de nossa tradição gramatical normativa, é provável que tenha aprendido noções simplificadas e descritivamente inadequadas acerca do chamado "período composto". Por exemplo, nossas gramáticas tradicionais reduzem o fenômeno da articulação de orações à dicotomia "subordinação" *versus* "coordenação" e, por isso, você deve ter sido levado a acreditar que identificar e classificar orações subordinadas ou coordenadas era tudo o que se podia conhecer sobre o assunto. Na realidade, o encaixamento entre orações (nomeado tradicionalmente como "subordinação") ou a justaposição entre elas (a chamada "coordenação") representam apenas os extremos de um *continuum* de relações sintáticas em que diversos tipos de articulação oracional podem acontecer numa língua. Vejamos, nas seções que seguem, casos dessa riqueza estrutural nem sempre adequadamente explorada por estudos de natureza normativa, a começar pelo encaixamento entre as orações.

2. ENCAIXAMENTO

O encaixamento entre orações ocorre quando uma dada oração é um constituinte de outra. Ou seja, uma **oração encaixada** é parte da estrutura sintática daquela na qual se insere, chamada **oração matriz**. A oração encaixada desempenha uma **função sintática** com relação ao verbo da oração matriz. Vejamos, num exemplo, como esse tipo de articulação oracional se dá.

(1) [$_{MATRIZ}$ Aquele sociólogo disse [$_{ENCAIXADA}$ que a elite detestava o povo pobre]].

Em (1), existem duas predicações mediadas por verbo:

- (1ª) [aquele sociólogo], que é o sujeito, e [<u>disse</u> que a elite detestava o povo pobre], que é o predicado;
- (2º) [a elite], que é o sujeito, e [<u>detestava</u> o povo pobre], que é o predicado.

Ora, como cada predicação veiculada por um SV caracteriza uma oração, logo estamos diante de duas orações articuladas entre si, numa mesma frase. O interessante, nessa estrutura sintática, é o fato de a segunda predicação acontecer no interior da primeira. Com efeito, a oração encaixada [que a elite detestava o povo pobre] é o complemento do núcleo do SV (um objeto direto oracional, portanto) da oração matriz [aquele sociólogo disse...]. É justamente a seleção de um constituinte em forma de oração – e não de um simples sintagma, como um SN – aquilo que confere mais complexidade estrutural ao período composto por encaixamento. Vemos, em (2a) a seguir, um SN encaixado complemento de V, numa ilustração de um período simples. Compare esse encaixe de sintagma com o de uma oração, tal como o que se vê em (2b) – uma representação sintagmática mais detalhada do exemplo (1).

(2) a. [$_{ORAÇÃO}$ [$_{SN}$ Aquele sociólogo [$_{SV}$ disse [$_{SN}$ uma verdade incômoda]]]].

b. [$_{ORAÇÃO\ MATRIZ}$ [$_{SN}$ Aquele sociólogo [$_{SV}$ disse [$_{ORAÇÃO\ ENCAIXADA}$ que [$_{SN}$ a elite [$_{SV}$ detestava [$_{SN}$ o povo pobre]]]]]]]].

> Como exercício, sugerimos que você represente a estrutura arbórea dessas duas frases, tal como esboçamos anteriormente com os colchetes rotulados. Se for preciso, retorne aos capítulos anteriores para lembrar-se como fazê-lo.

No fenômeno da articulação entre orações, um encaixamento sintático acontece, portanto, **quando uma oração integra a estrutura sintagmática de outra**. Dizendo de outra maneira, orações encaixadas inserem-se no domínio de uma oração matriz na condição de um de seus constituintes, seja como complemento, seja como especificador, seja como adjunto. E, por isso, a oração encaixada desempenha uma **função sintática** (de sujeito, complemento verbal etc.) com relação à oração matriz em cuja estrutura se encontra encaixada. Aliás, é essa assimetria estrutural entre as duas (ou mais) orações articuladas num período que gramáticos de orientação normativa tradicional tentam capturar com os termos **oração subordinada** (a encaixada) e **oração principal** (a matriz).

Você já deve ter lido algumas vezes a afirmação tradicional segundo a qual uma oração subordinada é sempre "dependente" de sua principal. De um ponto de vista estritamente sintático, tal afirmativa não deve ser considerada incorreta – afinal, como acabamos de ver, uma encaixada é mesmo um constituinte da oração matriz, sendo-lhe, assim, dependente/subordinada em termos sintático-estruturais. No entanto, alguns gramáticos, ao empregarem a noção de "dependência", muitas vezes confundem **análise sintática** com **análise semântico-discursiva**. Uma oração "principal", diriam eles, manifestaria o conteúdo semântico (ou proposicional) "mais importante" da frase, enquanto a "subordinada" veicularia "significados dependentes" daquele expresso na oração principal (cf. Bechara, 2005: 113, por exemplo). Ora, isso nem sempre é verdadeiro. É possível que uma dada informação seja considerada a informação "mais importante" em termos discursivos e, ao mesmo tempo, esteja codificada sintaticamente numa oração encaixada. Num exemplo extremo, notemos que, na frase "aquele que morreu foi aquele que esteve aqui ontem", a oração matriz é a seguinte: [aquele... foi aquele...]. Isso mesmo! Essa é a oração matriz, que conta com duas outras orações subordinadas: [que morreu] e [que esteve aqui ontem]. Repare como não faz sentido imaginarmos que o "conteúdo principal" dessa frase esteja na oração matriz ([aquele... foi aquele...]), uma vez que o conteúdo informacional da sentença se encontra, de fato, nas duas subordinadas ([que morreu] e [que esteve aqui ontem]). Aqui, obviamente, ilustramos o ponto com um caso extremo, mas vários outros exemplos podem ser verificados diariamente em produções espontâneas pelos falantes da língua. As lições que devemos depreender aqui são as seguintes: (i) devemos evitar, ao máximo possível, fazer uso de explicações semânticas na descrição de fenômenos sintáticos; e (ii) não podemos afirmar que uma oração subordinada é dependente de uma oração matriz em termos semântico-discursivos (essa dependência se dá apenas no nível da estrutura sintática).

Por conseguinte, para analisarmos a articulação entre orações, parece-nos mais acertado empregar somente termos descritivos da própria sintaxe, abandonando as tradicionais explicações de natureza semântico-discursiva dos gramáticos normativos. Sendo assim, poderíamos dizer, acerca do referido exemplo, que [aquele... foi aquele...] é a oração matriz dentro da qual as orações [que morreu] e [que esteve aqui ontem] estão encaixadas, respectivamente, como adjuntos dos SNs [aquele] e [aquele] –

veremos detalhes sobre esse tipo de encaixamento em SN mais adiante, ainda nesta seção. Ao agir desse modo, isto é, ao usarmos apenas a metalinguagem da Sintaxe no estudo de fenômenos sintáticos, estaríamos, de um lado, conferindo maior adequação descritiva a nosso trabalho como linguistas e, de outro, estaríamos sendo didaticamente mais precisos em nosso trabalho como professores.

Um único período pode conter em si mais de uma oração encaixada. Você deve se lembrar da noção de recursividade, que estudamos anteriormente. Em relação aos encaixamentos oracionais, a recursividade nos indica que podemos ter, numa mesma frase, sucessivos encaixes de uma oração em outra, isto é, podemos ter, num período, uma oração encaixada dentro de outra oração encaixada (dentro de outra oração encaixada dentro de outra oração encaixada... numa sucessão de encaixes teoricamente ilimitada).

(3) [$_{MATRIZ}$ O funcionário afirmou [$_{ENCAIXADA}$ que seu chefe disse [$_{ENCAIXADA}$ que a aposentadoria será extinta]]].

Nesse exemplo, encontramos três orações, ou seja, três estruturas de predicação mediadas por um SV:

(1ª) [O funcionário], que é o sujeito, e [afirmou que seu chefe disse que a aposentadoria será extinta], que é o predicado;
(2ª) [seu chefe], que é sujeito, e [disse que a aposentadoria será extinta], que é o predicado;
(3ª) [a aposentadoria], que é o sujeito, e [será extinta], que é o predicado.

> Como exercício, faça a estrutura em árvore da frase em (3).
> #ficaadica: você vai precisar de um espaço bem grande na folha de papel.

Você deve perceber que a oração matriz é a primeira, dentro da qual a segunda está imediatamente encaixada como complemento do verbo *afirmar*, ao passo que é no domínio da segunda oração que se encaixa a terceira, o complemento do verbo *dizer*.

> Você conseguiria criar uma frase com quatro e outra com cinco orações encaixadas? E com seis ou sete? Qual é o limite de encaixadas que você consegue compreender?

O encaixamento de orações na articulação de um período pode dar-se em diversas posições sintáticas da oração matriz. Nos exemplos anteriores, as orações subordinadas se encaixam na matriz como complemento de V, na função de objeto direto. A seguir, ilustramos o caso de encaixamento como objeto indireto em (4a), como complemento nominal em (4b), como predicativo do sujeito (4c) e como sujeito em (4d). Repare como todas essas orações encaixadas podem desempenhar as mesmas funções sintáticas que já estudamos no capítulo anterior – e que eram desempenhadas por sintagmas como o SN, o SA e o SP.

(4) a. [Aquele político não gosta [de que o chamem de conservador]].
 b. [O povo tem consciência [de que o Brasil é um país muito desigual]].
 c. [Meu maior desejo é [que as coisas mudem para melhor]].
 d. [Que haja justiça [é sempre desejável]].

Em (4a), a encaixada foi selecionada como complemento do verbo transitivo indireto *gostar*. É por isso que a oração [que o chamem de conservador] é encaixada na matriz [aquele político não gosta...] por entremeio da preposição [de] regida por V. Trata-se, assim, de um objeto indireto oracional. Já em (4b), a oração encaixada [que o Brasil é um país muito desigual] também foi selecionada como complemento de um núcleo presente na oração matriz. Desta vez, o núcleo selecionador é uma categoria não verbal, o nome substantivo *consciência* e, por isso, temos o caso de um complemento não verbal ou, em termos tradicionais, um complemento nominal. Note que aqui, mais uma vez, uma oração se encaixa na matriz por intermédio de uma preposição (*de*), mas não se trata de um objeto indireto porque a preposição, no caso, é regida pela categoria N – e não V. Vemos, dessa forma, o caso de um complemento nominal oracional.

> Na fala espontânea e nos registros menos formais da escrita, é comum que preposições articuladoras de orações sejam omitidas: ex. [aquele político não gosta que o chamem de conservador], [o povo tem consciência que o Brasil é um país muito desigual]. No entanto, a omissão da preposição não altera o *status* sintático da oração encaixada.

Na frase ilustrada em (4c), o sujeito [meu maior desejo...] toma como predicativo uma oração inteira: [que as coisas mudem para melhor], fato que caracteriza a ocorrência de um predicativo oracional. Por último, na frase em (4d) encontramos o caso de um sujeito oracional. A oração [que haja justiça] é encaixada, em sua matriz, na posição de sujeito do predicativo SA presente no domínio SV nucleado por um verbo copulativo: [[que haja justiça] [$_{SV}$ é [$_{SA}$ desejável]]].

SUJEITO ORACIONAL OU ORAÇÕES COMPLETIVAS?

Quando anteposto ao predicado, um constituinte oracional como [que haja justiça], [que ele seja candidato], [que todos façam a sua parte] etc. assume, de fato, as feições de um sujeito oracional. Vemos isso nas frases que se seguem:

[que haja justiça é sempre desejável]
[que ele seja candidato é improvável]
[que todos façam a sua parte é necessário]

Entretanto, em **extraposição**, isto é, quando localizadas ao fim da frase, tais orações encaixadas se assemelham mais intuitivamente a complementos nominais, tal como se ilustra abaixo:

[é sempre desejável que haja justiça]
[é improvável que ele seja candidato]
[é necessário que todos façam a sua parte]

Nesse caso, em português, para que essas encaixadas possam ser analisadas como complemento de A (o adjetivo), o sujeito na respectiva oração matriz deverá ser analisado como um expletivo nulo (Ø), à semelhança do que ocorre, em inglês, com pronomes expletivos foneticamente realizados, tal como em [it is important to take care of the elders] – traduzível como [Ø é importante que cuidemos dos idosos]. Nessa frase, [it] é o sujeito expletivo do predicado [is important to take care of the elders], enquanto [to take care of the elders] é complemento do núcleo A [important]. Logo, em português, parece possível assumir uma análise semelhante, em que o sujeito de [é importante que cuidemos dos idosos] seja o expletivo nulo [Ø], ao passo que [que cuidemos dos idosos] seria encaixado como complemento nominal oracional – e não como o próprio sujeito da oração matriz, conforme a seguir.

[Ø é sempre desejável que haja justiça]
[Ø é improvável que ele seja candidato]
[Ø é necessário que todos façam a sua parte]

Essa análise se tornaria ainda mais coerente quando fizéssemos a oposição entre pares de sentença como [que haja justiça é [o desejável]] *versus* [que haja justiça é [desejável]]. Nesses casos, gramáticos tradicionais afirmam que [o desejável] deve ser o sujeito da oração matriz, por se tratar de um SN, enquanto [desejável] seria o predicado da matriz, já que se trata de um SA. Ora, vimos, no capítulo anterior, que diversos tipos de sintagma podem desempenhar a função de predicativo, inclusive um SN. É por essa razão que uma análise não tradicional desses períodos pode ganhar em adequação descritiva ao assumir que tanto [o desejável] quanto [desejável] sejam ambos predicativos de um sujeito expletivo Ø.

Você deve ter percebido que, em todos os exemplos até aqui apresentados, ilustramos casos de orações encaixadas ou como **complemento** (objeto direto, objeto indireto, complemento nominal) ou como **especificador** (sujeito, predicativo) de um núcleo lexical presente na matriz. Orações encaixadas como complementos ou como especificadores são denominadas tradicionalmente de **orações substantivas**. Com esse termo, o que se quer dizer é que tais orações encaixadas são selecionadas como **argumento** de um núcleo N, V ou A existente no domínio da matriz.

Um tipo diferente de encaixamento entre orações ocorre quando a subordinada é encaixada como **adjunto** de um SN localizado no interior da oração matriz. Orações adjungidas a SN são denominadas **orações rela-**

tivas ou, mais tradicionalmente, **orações adjetivas restritivas**. Em língua portuguesa, uma oração relativa sempre se encaixa à direita do SN ao qual impõe uma modificação adnominal. É isso o que vemos a seguir.

(5) [$_{MATRIZ}$ [$_{SN}$ O livro [$_{ENCAIXADA}$ que o professor indicou] é mesmo muito interessante]].

O SN [o livro] é o sujeito da oração matriz cujo predicado é [é mesmo muito interessante]. No domínio desse SN, a oração relativa [que o professor indicou] foi encaixada como adjunto. Note que o N "livro" não possui a propriedade de selecionar argumentos, logo a ele não seria relacionada uma oração substantiva (como uma completiva nominal). É por essa razão que as encaixadas relativas se caracterizam como adjuntos e não como argumentos oracionais.

> Repare que essa discussão não deixa de ser um reflexo da que apresentamos no capítulo anterior, quando estudamos as funções sintáticas. A diferença aqui é que as funções sintáticas são desempenhadas por orações e não por sintagmas simples.

Uma relativa, em português, pode ser encaixada em um SN que se encontre em qualquer posição sintática no interior da oração matriz. Em (5), a oração foi encaixada em um SN que desempenha a função de sujeito na oração matriz. Já em (6) a seguir, a relativa se encaixa num SN em posição de objeto direto na matriz.

(6) [$_{MATRIZ}$ Os alunos leram [$_{SN}$ os textos [$_{ENCAIXADA}$ que o professor recomendou]]].

Relativas como aquela no exemplo (5) ilustram um **encaixamento central**. Nesses casos, a encaixada se insere no meio de sua oração matriz, dividindo-a em duas partes descontínuas, conforme se vê no exemplo [o livro [...] é mesmo muito interessante]. Já em (6), temos um caso de **encaixamento final**: a relativa se posicionada à direita da oração matriz, adjungindo-se a um SN posicionado ao seu fim. Essa distinção entre encaixe central ou final de uma relativa é relevante para os casos de encaixamentos recursivos. Note, a seguir, que múltiplos encaixamentos finais de uma relativa não provocam dificuldade na compreensão das frases, tal como se ilustra no célebre poema de Carlos Drummond de Andrade, citado parcialmente em (7a).

(7) a. [_MATRIZ João amava [_SN Teresa [_ENCAIXADA que amava [_SN Raimundo [_ENCAIXADA que amava [_SN Maria [_ENCAIXADA que amava [_SN Joaquim [_ENCAIXADA que amava [_SN Lili [_ENCAIXADA que não amava ninguém]]]]]]]]]]].

> Como exercício, faça a estrutura em árvore dessa frase.
> #ficaadica: você vai precisar de um espaço bem grande na folha de papel.

Por contraste, relativas de encaixe recursivo central impõem dificuldades de interpretação já no segundo encaixe, como acontece em (7b), e tornam-se praticamente ininterpretáveis do terceiro encaixe em diante – como é o caso de (7c). Essa dificuldade de compreensão decorre das limitações da memória humana, que enfrenta problemas no processamento psicolinguístico das estruturas descontínuas produzidas por múltiplos encaixes centrais, muito embora relativas como (7b) e (7c) sejam perfeitamente gramaticais. Não é por outra razão que relativas de encaixe central recursivo são raras na produção linguística espontânea.

(7) b. [_MATRIZ [_SN O rato [_ENCAIXADA que [_SN o gato [_ENCAIXADA que [_SN o cachorro espantou] perseguia]]] fugiu]].

c. [_MATRIZ [_SN O rato [_ENCAIXADA que [_SN o gato [_ENCAIXADA que [_SN o cachorro [_ENCAIXADA que [_SN o menino espantou] mordeu] perseguia]]]] fugiu]].

> Para facilitar a sua leitura, eis aqui as mesmas frases sem os colchetes etiquetados.
> (7b) O rato que o gato que o cachorro espantou perseguia fugiu.
> (7c) O rato que o gato que o cachorro que o menino espantou mordeu perseguia fugiu.
> E para facilitar a compreensão dessas frases, visualize-as assim:
> (7b) O rato   fugiu.
>   que o gato   perseguia
>   que o cachorro espantou
> (7c) O rato   fugiu.
>   que o gato   perseguia
>   que o cachorro   mordeu
>   que o menino espantou

Em (7a), a predicação entre o sujeito [João] e o predicado [amava Tereza] é saturada **localmente** na oração matriz. Já em (7b) e (7c), a saturação ocorre à **longa distância**, pois, no primeiro caso, o sujeito da matriz [o rato] está separado de seu predicado [fugiu] por duas orações encaixadas, enquanto, no segundo caso, três relativas separam o sujeito e o predicado da oração matriz – além disso, a predicação existente dentro das próprias relativas de encaixe central não se satura localmente, visto que [o gato] e [perseguia], em (7b), e [o cachorro] e [mordeu], em (7c), encontram-se descontínuos em virtude do encaixamento de outras orações relativas centrais que os separam – tal como tentamos mostrar visualmente no box anterior.

> **DISTÂNCIA LINEAR *VERSUS* DISTÂNCIA ESTRUTURAL**
>
> As orações com encaixamento central podem ilustrar bem o ponto entre *distância linear* e *distância estrutural*. O caráter linear do signo linguístico (cf. Saussure, 1997 [1916]) é uma contingência natural, dadas as limitações do nosso aparelho fonador e auditivo: temos de emitir sons numa sequência linear, item por item, formando uma cadeia, tal como mostramos na escala que começou com os fonemas e foi até o discurso, no início deste capítulo.
>
> O processamento sintático, contudo, não trabalha (apenas) com a noção de linearidade, mas, antes, com a noção de estrutura. É como diz uma máxima muito conhecida entre sintaticistas experimentais (ver próximo capítulo): falamos linearmente, mas interpretamos incrementalmente.
>
> Repare como uma frase com duas orações encaixadas por encaixamento central, como (1), é muito mais difícil de ser interpretada do que uma frase muito mais longa que tem apenas um encaixamento desse tipo, como (2):
>
> (1) O rato que o gato que o cachorro espantou perseguia fugiu.
> (2) O rato que meu amigo tinha comprado numa feira de animais domésticos peculiares no centro de Porto Alegre fugiu.
>
> Em (1), o núcleo do SN sujeito [rato] está linearmente muito mais próximo de seu verbo [fugiu] do que em (2) – em (1) há 8 palavras entre [rato] e [fugiu], ao passo que, em (2), há 15 palavras. Contudo, a frase (2) é muito mais facilmente interpretada. Isso acontece porque (2) é estruturalmente mais simples do que (1), como podemos ver com os colchetes rotulados (faça as árvores das duas frases para ver isso de modo ainda mais claro).

(1') [_MATRIZ [_SN O rato [_ENCAIXADA que [_SN o gato [_ENCAIXADA que [_SN o cachorro espantou] perseguia]]] fugiu]].

(2') [_MATRIZ [_SN O rato [_ENCAIXADA que meu amigo tinha comprado numa feira de animais domésticos peculiares no centro de Porto Alegre]] fugiu].

Uma boa discussão sobre o assunto aparece no documentário francês bastante peculiar de Michel Gondry sobre Noam Chomsky, *Is the Man Who Is Tall Happy?*, de 2013.

Por fim, as orações relativas podem ser encaixadas em SNs nulos, isto é, SNs presentes na oração matriz que não manifestam nenhum conteúdo fonético (um conjunto vazio). Vemos isso em (8) a seguir.

(8) [_MATRIZ Aquela pessoa só namora [_SN Ø [_ENCAIXADA quem não presta]]].

Orações encaixadas em SNs nulos são chamadas de **relativas livres** ou **relativas sem núcleo**. Note que, no exemplo anterior, a relativa [quem não presta] não está contígua a nenhum SN visível. Nessa relativa livre, não se pode utilizar o item [que], pois isso provocaria agramaticalidade na frase – conforme se atesta em (9a). A utilização do [que], no lugar de [quem], em casos assim forçaria a ocorrência de uma relativa com SN explícito, tal como se dá em (9b).

(9) a. *[_MATRIZ Aquela pessoa só namora [_SN Ø [_ENCAIXADA que não presta]]].
    b. [_MATRIZ Aquela pessoa só namora [_SN gente [_ENCAIXADA que não presta]]].

Constituintes como [o], [a], [aquele], [aquela] e seus respectivos plurais podem figurar, no interior de um SN, como especificadores de N, como acontece em (9) e nos exemplos anteriores. Além disso, é também possível que esses itens configurem um SN unitário, assumindo, eles próprios, a posição do núcleo N. É isso o que se ilustra a seguir.

(10) a. [_MATRIZ [_SN O [_ENCAIXADA que você disse] não está correto]].
     b. [_MATRIZ [_SN Aquele [_ENCAIXADA que morreu] foi [_SN aquele [_ENCAIXADA que esteve aqui ontem]]]].

Em (10a), [o] é o núcleo do sujeito do predicado [não está correto] da oração matriz. Esse SN é modificado pelo encaixamento da relativa [que você disse]. Na frase (10b), por usa vez, representamos um exemplo anteriormente citado: uma oração matriz composta pelo sujeito SN [aquele] e pelo predicado [foi aquele]. Nessa frase, ambos os SNs são compostos por seu núcleo pronominal e sofrem o encaixamento de uma oração relativa. Tais casos, portanto, não configuram exemplos de relativas livres, já que neles o respectivo SN na oração matriz não é vazio, mas, sim, constituído por um núcleo pronominal demonstrativo – os pronomes *o*, *aquele* ou suas flexões.

QUESTÕES DE NOMENCLATURA - II

Frase nominal: frase sem verbo.
Frase verbal: frase com pelo menos um SV.
Oração: predicação entre um SV (predicado) e um SN (sujeito).
Período simples: frase verbal com somente uma oração.
Período composto: frase verbal com mais de uma oração.
Período: sinônimo de frase verbal.
Sentença: sinônimo de frase verbal.
Cláusula: sinônimo de oração.
Orações substantivas: orações encaixadas como argumento.
Orações adjetivas: orações encaixadas como adjuntos de SN.
Orações adverbiais: orações hipotáticas com função de adjunto adverbial.
Orações adjetivas explicativas: orações hipotáticas com função de aposto a um SN.
Orações coordenadas: orações paratáticas.

2.1 Conectivos subordinativos

Na articulação entre uma oração encaixada e a sua respectiva matriz, é comum que um **conectivo** demarque a posição sintática em que o encaixamento entre ambas as orações acontece. Por exemplo, a conexão entre uma substantiva e a sua matriz pode ser explicitada por um **complementador** (também chamado **complementizador**), que se realiza como o conectivo *que* ou o *se*, a depender da **força ilocucionária** da oração encaixada – se declarativa, como em (11a), ou interrogativa, como em (11b).

(11) a. O cidadão disse [que o povo votará nos melhores candidatos].
 b. O cidadão perguntou [se o povo votará nos melhores candidatos].

> Repare como as frases em (11) ficariam malformadas se usássemos os conectivos de maneira inversa:
>
> (11') a. *O cidadão disse [se o povo votará nos melhores candidatos].
> b. *O cidadão perguntou [que o povo votará nos melhores candidatos].
>
> Isso quer dizer que usamos o complementador *que* em frases declarativas e o *se* em interrogativas, diretas ou indiretas. Veja o contraste entre estas duas frases: *A Maria perguntou se o João estava em casa* x *A Maria perguntou que o João estava em casa*.

Já nas orações relativas, o conectivo que liga a encaixada à matriz é um **pronome relativo**. Esse conectivo pode ser realizado de diferentes formas, tais como *que, o qual* (e flexões, *os quais, a qual, as quais*), *quem, onde* ou *cujo*. Vejamos, a seguir, exemplos de cada um desses empregos.

(12) a. Os alunos assistiram a[$_{SN}$ o filme [que ganhou prêmios internacionais]].
   b. Todos leram [$_{SN}$ o livro [do qual os conservadores sempre falam mal]].
   c. [$_{SN}$ A professora [com quem estudei Sintaxe]] era muito competente.
   d. Meu pai foi visitar [$_{SN}$ a cidade [onde ele nasceu]].
   e. O povo votou n[$_{SN}$ o candidato [cujo partido havia se destacado]].

Nas frases em (11) e (12), um conectivo delimita obrigatoriamente a fronteira entre a oração matriz e a encaixada. A ausência do complementador, nas substantivas, e do pronome, nas relativas, provoca a agramaticalidade da frase, conforme verificamos nas sentenças em (13).

(13) a. *O cidadão disse [o povo votará nos melhores candidatos].
   b. *O cidadão perguntou [o povo votará nos melhores candidatos].
   c. *Os alunos assistiram a[$_{SN}$ o filme [ganhou prêmios internacionais]].
   d. *Todos leram [$_{SN}$ o livro [de os conservadores sempre falam mal]].
   e. *[$_{SN}$ A professora [com estudei Sintaxe]] era muito competente.
   f. *Meu pai foi visitar [$_{SN}$ a cidade [ele nasceu]].
   g. *O povo votou n[$_{SN}$ o candidato [partido havia se destacado]].

> **ORAÇÕES DESENVOLVIDAS**
>
> Quando uma oração encaixada é introduzida por um conectivo qualquer, uma correlação morfossintática interessante acontece: o verbo da oração subordinada será flexionado em alguma **forma finita**. Ou seja, quando substantivas e relativas são ligadas à matriz por meio de um conectivo, o verbo da encaixada assumirá marcas específicas de tempo, modo, aspecto, número e pessoa. Orações subordinadas que apresentem verbos flexionados plenos são tradicionalmente classificadas como **orações desenvolvidas**. Por contraste, as orações que se encaixam diretamente na matriz, sem qualquer conectivo explícito, não apresentam verbos desenvolvidos – são os casos das orações reduzidas, que analisaremos mais à frente neste capítulo.

Conectivos subordinativos são, em vista desses exemplos, verdadeiros elos coesivos utilizados na articulação do período composto. Mas quais seriam as diferenças existentes entre complementadores e pronomes relativos?

Complementadores são simples introdutores de oração substantiva. Eles não desempenham qualquer outro papel estrutural no interior da oração matriz ou da oração encaixada. Sua única função na articulação entre orações é demarcar a fronteira entre a matriz e a encaixada. Observe a estrutura sintagmática da encaixada substantiva que se segue e você verá que todas as posições sintáticas, em toda a extensão do período, estão preenchidas por algum constituinte e nenhum deles faz qualquer referência ao complementador [que].

(14) [$_{MATRIZ}$ [$_{sujeito}$ O cidadão] [$_{predicado}$ disse [$_{ENCAIXADA}$ <u>que</u> [$_{sujeito}$ o povo] [$_{predicado}$ votará [$_{objeto\ indireto}$ nos melhores candidatos]]]].

Por sua vez, pronomes relativos são verdadeiros **operadores morfossintáticos** na articulação entre orações. Eles estabelecem vínculo gramatical explícito entre, de um lado, um SN presente no domínio da oração matriz e, de outro, uma **lacuna** – isto é, uma posição sintática não preenchida por algum constituinte foneticamente realizado – existente na oração encaixada. Na frase seguinte, podemos observar que o pronome [que] vincula o SN da oração matriz [o candidato] à lacuna presente na posição de complemento do verbo [escolheu] da encaixada.

(15) [$_{MATRIZ}$ [$_{sujeito}$ O candidato [$_{ENCAIXADA}$ que [$_{sujeito}$ o povo [$_{predicado}$ escolheu [... **lacuna**...]]] [$_{predicado}$ venceu [$_{objeto\ direto}$ as eleições]]]].

Faça um contraste entre as sentenças (14) e (15) e você perceberá que, na substantiva em (14), não há nenhuma lacuna, enquanto, na relativa em (15), o objeto direto da encaixada não foi manifestado por nenhum item lexical. Com efeito, é na posição de complemento de V, no domínio da relativa, que localizamos uma lacuna. Nessa frase, tal lacuna deve ser associada ao SN da oração matriz que sofre o encaixamento da relativa, de modo que [o candidato] seja identificado como o referente do objeto do verbo [escolheu]. Ora, essa associação é levada a cabo justamente pelo pronome relativo [que].

Você deve perceber que a "lacuna" existente numa oração relativa é uma categoria a ser ligada a um referente na oração matriz. Portanto, não deve haver confusão entre esse tipo de constituinte e os sintagmas nulos (Ø) como sujeitos ou objetos ocultos que ocorrem no período simples e podem ser empregados em orações substantivas ou em qualquer tipo de sentença complexa. No exemplo seguinte, o sujeito da encaixada substantiva é nulo (oculto), portanto não ocorre o tipo de lacuna que descrevemos acerca das encaixadas relativas. Note que o sujeito da encaixada é correferente ao da matriz, ou seja, se referem à mesma entidade, daí o pronome "Ø", que poderia ser normalmente substituído por *ele*.

[[$_{MATRIZ}$ [$_{sujeito}$ O cidadão [$_{predicado}$ disse [$_{ENCAIXADA}$ que [$_{sujeito}$ Ø [$_{predicado}$ votará [$_{objeto\ indireto}$ nos melhores candidatos].

Na ilustração a seguir, indicamos a maneira pela qual o conectivo [que] vincula o SN no domínio da matriz à lacuna (representada com um traço) no interior da oração encaixada.

(16) [$_{SN}$ O candidato [que o povo escolheu __] venceu as eleições].

Os conectivos em orações relativas caracterizam-se, portanto, como elementos **anafóricos**, pois retomam um referente já mencionado na frase, e também como **catafóricos**, já que se ligam a uma posição posterior no enunciado. A seguir, apresentamos uma representação abstrata da anáfora e da catáfora que pronomes relativos simultaneamente produzem na articulação entre orações. Chamamos a sua atenção para o próprio termo "relativo", que evidencia a natureza relacional desse tipo de pronome.

SN da oração matriz ↔ pronome relativo ↔ lacuna dentro da encaixada
          anáfora   **catáfora**

Na condição de elemento anafórico, um pronome relativo incorpora os mesmos traços gramaticais manifestados pelo SN da oração matriz ao qual se refere. Por exemplo, na frase (12b) ilustrada mais anteriormente (*Todos leram o livro do qual os conservadores sempre falam mal*), o pronome [o qual] assume os traços de "gênero" e de "número" (masculino, singular) presentes no SN [o livro]. Da mesma forma, em (12c), *A professora com quem estudei Sintaxe era muito competente*, o pronome [quem] é marcado com o traço "[+humano]" presente em seu referente [a professora], assim como, em (12d), o relativo [onde] assume o traço "locativo" manifestado no SN da matriz [a cidade], *Meu pai foi visitar a cidade onde ele nasceu*.

Na fala espontânea e na escrita menos formal, o pronome *onde* é frequentemente empregado com valor de relativo locativo figurado – e não de espaço físico concreto. Por exemplo, *a noite onde te conheci, relacionamento onde só há interesse financeiro, época onde eu era feliz e não sabia*. Para saber mais sobre esse tema, veja Oliveira (1998) e Zilles e Kersch (2015).

Já como elemento catafórico, um pronome relativo vincula seu referente a uma dada lacuna no domínio da encaixada. Tomando os mesmos exemplos recém-citados, poderemos ver que, em (12b), a lacuna encontra-se na posição de objeto indireto: [falam mal do qual]. Em (12c), a relativa encabeçada pelo pronome [quem] faz referência, na encaixada, a uma lacuna sintática em posição de adjunto adverbial: [estudei Sintaxe com quem]. Nesses exemplos, tanto [o qual] quanto [quem] são precedidos de uma preposição – trata-se das relativas preposicionadas (sobre esse tipo de relativas, ver o quadro a seguir). Na frase (12d), o relativo [onde] relaciona-se à lacuna em posição de adjunto adverbial: [ele nasceu *onde*]. Por fim, na sentença (12e), *O povo votou no candidato cujo partido havia se destacado*, o pronome [cujo] alude, na relativa, à lacuna em posição de adjunto adnominal (*partido cujo*, isto é, *partido dele, seu partido*). Ora, como um pronome relativo é um agente duplo, anáfora e catáfora nele se unem, de modo que os falantes do português, em relação aos exemplos citados, sempre interpretarão (12b) como *falam mal do [livro]*, (12c) como *estudei com [a professora]*, (12d) como *nasceu na [cidade]* e (12e) como *o partido [do candidato]*.

COMO REALMENTE FALAMOS: RELATIVAS FORA DO PADRÃO NORMATIVO

Na fala espontânea do português brasileiro, é comum que, na articulação de orações relativas preposicionadas, um elemento P seja omitido e o introdutor da encaixada seja o conectivo *que*:

A professora que eu estudei Sintaxe era muito competente.
Todos leram o livro que os conservadores falam mal.

Essas relativas, em decorrência do corte da preposição, são denominadas **relativas cortadoras**.

Por sua vez, exceto na escrita e na fala mais formais, o pronome *cujo* é de emprego raríssimo em nossa língua. Normalmente, esse elemento é substituído, na fala vernacular, pelo conectivo *que* em relativas que não explicitam lexicalmente a relação de posse (genitiva) entre o SN relativizado e a expressão nominal dentro da relativa:

O povo votou no candidato que o partido havia se destacado.

Relativas como essa são denominadas **relativas cortadoras genitivas**.

A relação genitiva de uma relativa mediada por *que* pode ser evidenciada por meio do emprego de um **pronome copiador** ou **resumptivo**, isto é, um pronome que "copia" os traços de gênero e de número do núcleo do SN relativizado:

O povo pobre votou no candidato que o partido dele era socialista.

Nesse caso, estamos diante de **relativas copiadoras genitivas** (ou relativas resumptivas genitivas). Também nas relativas preposicionadas, um elemento *que* pode introduzir uma expressão copiadora, como acontece em

A professora que eu estudei Sintaxe com ela era muito competente.
Todos leram o livro que os conservadores falam mal dele.

Nessas relativas, a preposição ocorre ao meio ou ao fim da relativa – nunca ao início – e é sucedida por um pronome copiador/resumptivo. Tais orações denominam-se **relativas copiadoras** (ou relativas resumptivas). Em relativas copiadoras/resumptivas, não ocorre lacuna, pois a posição sintática associada ao pronome relativo será ocupada justamente por um pronome copiador/resumptivo como *ele*, *ela* e flexões.

Para saber mais sobre o assunto, consulte especialmente Tarallo (1983), Corrêa (1998), Kenedy (2003, 2007) e Kato (2018).

2.2 Encaixadas reduzidas

A articulação entre uma oração encaixada e a sua matriz nem sempre é mediada por um conectivo. Na língua portuguesa, é também possível que uma oração subordinada se encaixe diretamente em sua matriz. Quando isso acontece, dizemos estar diante de **encaixadas reduzidas**. Vejamos dois exemplos desse tipo de conexão entre orações.

(17) a. [_MATRIZ_ Aquele juiz rico alegou [_ENCAIXADA_ precisar de auxílio-moradia]]].

b. [_MATRIZ_ A polícia observou [_SN_ os alunos [_ENCAIXADA_ protestando na praça]]].

Em (17a), estamos diante de uma oração substantiva. Note que a encaixada [precisar de auxílio-moradia] é complemento do verbo [alegou], núcleo do predicado da oração matriz. Já na frase (17b), temos o caso de uma relativa, pois a encaixada [protestando na praça] foi adjungida ao SN da matriz [os alunos]. O interessante nesses exemplos é que ambas as encaixadas foram imediatamente articuladas à sua matriz, sem a interveniência de qualquer conectivo. Trata-se, dessa maneira, de encaixamentos de orações reduzidas.

A ausência de conectivo não é, no entanto, a única característica estrutural de uma encaixada reduzida. Além dessa característica, o verbo presente no interior dessas orações apresenta uma particularidade morfológica: ele não manifesta marcas de tempo (presente, passado ou futuro) ou de pessoa gramatical (primeira, segunda ou terceira, do singular ou do plural) – com uma exceção interessante que veremos a seguir. Isto é, os verbos das orações encaixadas reduzidas, por oposição aos verbos das orações matrizes e das encaixadas desenvolvidas, não manifestam flexão e se apresentam em **forma infinita**. Uma forma verbal infinita caracteriza-se, justamente, pela falta de expressão de algum tempo específico. Note que, no exemplo (17a), o verbo da oração matriz [alegou] encontra-se flexionado no pretérito perfeito do indicativo e faz concordância, na terceira pessoa do singular, com o seu sujeito [aquele juiz rico]. Portanto, [alegou] é uma **forma finita**. Já o verbo da substantiva encaixada, nesse mesmo exemplo, encontra-se em uma forma infinita: [precisar]. Tal forma não manifesta marcas morfológicas de nenhum tempo específico (presente, passado ou futuro). O mesmo se passa com o exemplo (17b): o verbo da matriz é [observou], que expressa o pretérito perfeito do indicativo e a concordância número-pessoal com o seu sujeito, ao passo que, na relativa encaixada, o verbo [protestando] não assume nenhuma morfologia temporal ou pessoal específica.

As formas infinitas verbais são também denominadas **formas nominais do verbo**. Essas formas recebem esse nome porque, desprovidos da flexão morfossintática tipicamente verbal, assumem características linguísticas de algum elemento de natureza não verbal, como N, ADV ou A. Você deve lembrar, de suas lições da gramática tradicional, que são três as formas nominais em português: infinitivo, gerúndio e particípio. Vejamos, a seguir, como se definem cada uma dessas categorias em breves termos morfológicos e semânticos para que, logo em seguida, analisemos de que maneira orações reduzidas dessas três classes compõem tipos particulares de período composto.

LOCUÇÕES VERBAIS - II

Locuções verbais quase sempre apresentam um verbo auxiliar (aux) plenamente flexionado e um verbo principal (pri) em alguma forma nominal. Portanto, orações subordinadas em que ocorra esse tipo de articulação verbal entre (aux) e (pri) não caracterizam casos de encaixadas reduzidas. Nos exemplos a seguir, o verbo auxiliar caracteriza, juntamente ao conectivo subordinativo, uma oração desenvolvida:

[$_{MATRIZ}$ O juiz alegou [$_{ENCAIXADA}$ que vai precisar de auxílio moradia]]].
[$_{MATRIZ}$ A polícia observou [$_{SN}$ os alunos [$_{ENCAIXADA}$ que estavam protestando na praça]]].

Compare com as construções abaixo, sem o conectivo:

*[$_{MATRIZ}$ O juiz alegou [$_{ENCAIXADA}$ ir precisar de auxílio moradia]]].
*[$_{MATRIZ}$ A polícia observou [$_{SN}$ os alunos [$_{ENCAIXADA}$ estar(em) protestando na praça]]].

O **infinitivo** é didaticamente conhecido como o "nome do verbo". De fato, essa é a forma nominal escolhida quase universalmente como "entrada de dicionário" para verbos. Se, durante a leitura de um romance, você se deparar com um item desconhecido como *resfolegavam*, deverá procurar num dicionário pela forma *resfolegar* (e não *resfolegava, resfolegaria, resfolegaram* etc.) – isto é, deve procurar pelo infinitivo do verbo em questão. Trata-se da forma básica e não marcada de um verbo qualquer (#curiosidade: nos dicionários de latim, as entradas para os verbos apresentam a forma verbal flexionada na primeira pessoa do singular, no tempo presente). Morfologicamente, o infinitivo caracteriza-se pela terminação "-r" justaposta à base lexical do verbo: *estudar, combater, resistir*. Em termos semânticos, o infinitivo expressa a noção aspectual de ação fora do tempo (infinita, justamente). O infinitivo é a forma nominal que se assemelha às características morfossintáticas da categoria N e, realmente, expressões como *sala de estar* e *aparelho de jantar* são muitas vezes percebidas intuitivamente como SNs simples – e não como SNs modificados por orações reduzidas. Nas sentenças que se seguem, os verbos das orações encaixadas encontram-se em forma nominal infinitiva.

(18) a. [$_{MATRIZ}$ Nós vimos [$_{ENCAIXADA}$ o Brasil mudar naqueles tempos]].
b. [$_{MATRIZ}$ Procuro [$_{SN}$ um livro [$_{ENCAIXADA}$ para ler no fim de semana]]].

Em (18a), temos o caso de uma **oração substantiva reduzida de infinitivo**. A encaixada [o Brasil mudar naqueles tempos] articula-se diretamente à sua matriz, sem auxílio de conectivo, e manifesta sua categoria V em forma nominal, no caso, em infinitivo: [mudar]. Por sua vez, na sentença (18b) ocorre o encaixamento de uma **oração relativa reduzida de infinitivo**. Aqui, o SN [um livro] presente na matriz é modificado pela relativa preposicionada [para ler no fim de semana]. O verbo dessa encaixada encontra-se em forma infinitiva: [ler].

Talvez você já saiba que, em língua portuguesa, o infinitivo encerra uma característica morfossintática peculiar: ele pode expressar concordância de pessoa e de número com o seu sujeito. Como bem dizem os gramáticos tradicionais, o infinitivo, em português, pode ser **pessoal** (isto é, com marca específica de pessoa e número gramaticais) ou **impessoal/unipessoal** (sem marca específica, na terceira do singular, forma básica não marcada). Em (19a), a substantiva reduzida não faz concordância com seu sujeito plural e, assim, temos um **infinitivo não flexionado**, ao contrário do que vemos em (19b), em que ocorre um **infinitivo flexionado**.

(19) a. [ᴍᴀᴛʀɪᴢ Eu vi [ᴇɴᴄᴀɪxᴀᴅᴀ os meninos <u>defender</u> seu professor].
b. [ᴍᴀᴛʀɪᴢ Eu vi [ᴇɴᴄᴀɪxᴀᴅᴀ os meninos <u>defenderem</u> seu professor].

Trata-se de uma propriedade interessante porque, conforme vimos, formas infinitas normalmente não manifestam modulações morfológicas. Logo, um "infinitivo flexionado" parece uma noção linguística autocontraditória. No entanto, tal excentricidade do português não invalida o emprego do termo "infinitivo" para qualificar certos tipos de articulação entre orações, afinal, pelo menos em relação à expressão do tempo, essa forma nominal não se flexiona. Sua flexão ocorre, como dissemos, somente para traços de número e pessoa.

O **gerúndio** é a forma nominal de um verbo caracterizada pela terminação morfológica "-ndo": *estudando, combatendo, resistindo*. A literatura gramatical tradicional nos ensina que essa forma infinita assume características morfossintáticas da categoria ADV em virtude de veicular uma "ação em processo", isto é, o gerúndio expressa, semanticamente, um processo verbal em pleno desenvolvimento. Na sentença (20), encontramos um exemplo de **oração relativa reduzida de gerúndio**.

(20) [ᴍᴀᴛʀɪᴢ A polícia observou [ₛɴ os alunos [ᴇɴᴄᴀɪxᴀᴅᴀ protestando na praça]]].

> **INFINITIVO FLEXIONADO**
>
> As poucas línguas em que o fenômeno do infinitivo pessoal já foi catalogado por linguistas são, em ordem alfabética: abaza, abkhaziano, adygheano, asturiano, galego, húngaro, karbardiano, leonês, mirandês, português, sardenho e siciliano. No mapa abaixo, podemos ter uma dimensão de quão diminuto é esse tipo de estrutura morfossintática entre as línguas humanas. As marcas mais escuras indicam as regiões do planeta em que alguma língua com infinitivo flexionado é falada.
>
>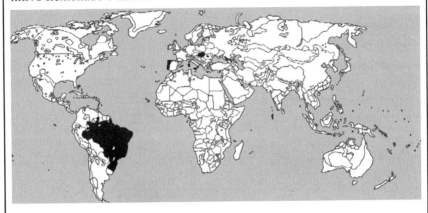
>
> Fonte: linguisticmaps.tumblr.com

Nessa oração encaixada, a categoria V se expressa na forma de gerúndio: [protestando]. Note que, apesar da ausência de um conectivo, a relação anafórica entre a lacuna, no interior da relativa, e o seu referente na matriz se dá à semelhança do que ocorre nas orações desenvolvidas. Aqui, o sujeito do verbo [protestando] é uma lacuna que deve ser interpretada em correferência com o SN [os alunos], que sofre a relativização. Na oração matriz, esse SN ocupa a posição de complemento verbal. Você certamente identificará, nesse exemplo, o valor adverbial comumente associado ao gerúndio. O verbo *protestar*, nessa forma nominal, de fato assume características de um elemento circunstancial.

> Em nossa experiência como professores de Sintaxe, encontramos, com recorrência, estudantes que identificam relativas reduzidas de gerúndio inadequadamente como orações adverbiais. Tal equívoco comum é motivado pela natureza adverbial do gerúndio de uma forma geral. Nesses casos, recorremos ao artifício tradicional de cotejar uma relativa reduzida com a sua contraparte desenvolvida. Ex.
>
> A polícia observou [$_{SN}$ os manifestantes [$_{ORAÇÃO}$ protestando na praça]].
>
> *versus*
>
> A polícia observou [$_{SN}$ os manifestantes [$_{ORAÇÃO}$ que protestavam na praça]].
> Trata-se de um recurso didático que pode ser útil na identificação de relativas gerundivas.

Por fim, o **particípio** é a forma nominal de V que assume propriedades morfossintáticas da categoria não verbal de adjetivo, como, por exemplo, a concordância de gênero (masculino ou feminino) e de número (singular, plural) com o seu referente. Particípios são formas infinitas que manifestam o aspecto semântico do **perfectivo**, isto é, exprimem uma ação já desenvolvida e concluída no tempo. Morfologicamente, o particípio é marcado pela terminação regular "-ado" ou "-ido" – e suas respectivas flexões nominais de gênero e número: *estudado, estudada, estudados, estudadas, combatido, combatida, combatidos, combatidas, resistido, resistida, resistidos, resistidas*. Em formas irregulares, os particípios são majoritariamente marcados com "-to" ou "-so", como em *dito, feito, escrito, preso, submerso, suspenso*, e suas flexões de gênero e número. No exemplo a seguir, há um caso de uma **oração relativa reduzida de particípio**.

(21) [$_{MATRIZ}$ A mídia elogiou [$_{SN}$ o economista [$_{ENCAIXADA}$ enviado do exterior]]].

Você deve perceber que o predicado da oração encaixada manifesta, em seu núcleo V participial, os traços masculino e singular em concordância com o SN que sofre o encaixamento da relativa: [o economista]. No caso, se tal SN manifestasse os traços feminino e/ou plural, o particípio da encaixada copiaria esses mesmos traços: [$_{SN}$ os economistas [$_{ENCAIXADA}$

enviados do exterior]], [$_{SN}$ a economista [$_{ENCAIXADA}$ enviada do exterior]], [$_{SN}$ as economistas [$_{ENCAIXADA}$ enviadas do exterior]].

É importante que você fique atento à natureza adjetival das relativas reduzidas de particípio. Muitas vezes, podemos deixar de perceber que, nesses tipos de construção sintática, ocorre um período articulado por uma encaixada reduzida, afinal expressões como *trabalho feito*, *aula dada*, *missão cumprida* etc. se parecem com SNs simples, modificados por um SA adjunto. No caso, o adjunto é uma oração inteira, cujo verbo assume uma forma nominal semelhante à categoria A.

3. HIPOTAXE

Em comparação às estruturas encaixadas, as orações vinculadas por hipotaxe apresentam grau inferior de articulação sintática. O encaixamento de orações, conforme vimos, ocorre de maneira rígida e sistemática. De fato, as substantivas se caracterizam como um encaixamento de **efeito puramente sintático**, dado que compreendem argumentos oracionais. Orações relativas, por seu turno, são encaixadas de **efeito sintático-semântico**, uma vez que se adjungem, numa matriz, sempre à direita de um SN que deve sofrer modificação referencial restritiva. Com as orações hipotáticas temos um fenômeno linguístico diferente. Trata-se de uma articulação de **efeito sintático-discursivo**.

(22) [[$_{HIPOTÁTICA}$ Se você leu o livro], [$_{MATRIZ}$ o conteúdo da avaliação parecerá fácil]].

Em (22), podemos identificar que cada oração possui a sua própria estrutura de predicação, caracterizando, assim, um caso de período composto. Na hipotática, o SN [você] é o sujeito do predicado verbal presente no SV [leu o livro], enquanto, na matriz, o predicado nominal no SV [parecerá fácil] seleciona como sujeito o SN [o conteúdo da avaliação]. Como se pode ver, uma hipotática, assim como as encaixadas, também desempenha função sintática em relação a uma oração matriz. Nesse caso, essa função se restringe a somente duas: adjunto adverbial (como em 22) ou aposto. Como veremos a seguir, a articulação entre a matriz e uma ou mais orações hipotáticas se dá de maneira livre e fora das restrições estruturais impostas a argumentos e a adjuntos adnominais oracionais, razão pela qual hipotáticas adverbiais e hipotáticas apositivas desempenham, na articulação do período composto, valor sintático-discursivo. Comecemos pelas orações adverbiais.

As hipotáticas adverbiais são advérbios oracionais que marcam valores de natureza circunstancial junto à matriz. Na escola básica, você aprendeu a identificar essas orações como "subordinadas adverbiais". No entanto, diversas características sintáticas diferenciam o *status* gramatical das adverbiais do das substantivas e relativas. Por exemplo, uma oração adverbial pode adjungir-se em diferentes posições lineares ao longo do período, seja à esquerda ou à direita da oração matriz, ou mesmo nela entremeada – à maneira dos próprios advérbios. Ora, tal liberdade posicional não se verifica com estruturas sintáticas realmente encaixadas. A mobilidade linear de uma oração hipotática é ilustrada a seguir.

(23) a. [[$_{MATRIZ}$ Aquele político mudou o seu discurso], [$_{HIPOTÁTICA}$ quando percebeu que era conveniente]].

b. [[$_{HIPOTÁTICA}$ Quando percebeu que era conveniente], [$_{MATRIZ}$ aquele político mudou o seu discurso]].

c. [[$_{MATRIZ}$ Aquele político, [$_{HIPOTÁTICA}$ quando percebeu que era conveniente], mudou o seu discurso]].

Note que, na sentença (23a), a hipotática adverbial posiciona-se à direita da matriz para nela marcar uma circunstância temporal. Podemos, desse modo, ser levados a interpretar que essa oração é um adjunto do SV [mudou o seu discurso] presente na matriz, tal como o fazem os gramáticos tradicionais. É essa suposta adjunção ao SV da matriz que motiva a classificação de uma oração dessa natureza como ad-"verbial". Contudo, linguistas como Michael Halliday, Cristian Matthiessen e Sandra Thompson (cf. Matthiessen e Thompson, 1988, e Halliday e Matthiessen, 2014 [1985]) já vêm indicando, desde os anos 1980, que as adverbiais se associam livremente a uma oração matriz na articulação de um período composto – e não são necessariamente adjuntos de SV. Os exemplos (23b) e (23c) deixam isso claro. A adverbial, nessas frases, não é um adjunto rigidamente encaixado no SV da matriz – da mesma forma que uma relativa é um adjunto encaixado de maneira rígida num SN da oração matriz. Pelo contrário, a adjunção dessa oração pode acontecer antes de toda a matriz, à sua esquerda, portanto em *locus* linearmente distante do SV, conforme se vê em (23b). A adjunção adverbial oracional pode ainda ocorrer até mesmo em posição intercalada na matriz, em algum ponto de fronteira sintagmática, como vemos acontecer em (23c) – exemplo no qual a hipotática é adjungida entre o SN sujeito e o SV predicado da chamada "oração principal". Por contraste, substantivas e relativas não são passíveis dessa múltipla distribuição linear. Antes, são orações rigidamente encaixadas num *locus* específico: complemento ou especificador de um núcleo lexical (N, V ou A) ou adjuntos de um SN. Por conseguinte, é correto assumir que orações adverbiais não são constituintes encaixados (ou, em termos tradicionais, não são orações "subordinadas"). Alternativamente, é mais adequado descrever esse tipo de articulação entre orações como **hipotaxe adverbial**.

Orações hipotáticas adverbiais cumprem, na articulação entre orações, diversas funções discursivas, a depender do valor circunstancial que imprimem junto à matriz. Em consequência disso, advérbios oracionais manifestam grande riqueza e variedade estrutural e informacional. Algumas adverbiais, por exemplo, só podem ser adjungidas à direita da matriz, sob pena de agramaticalidade, como se vê na oposição entre o par de sentenças a seguir.

(24) a. [[$_{MATRIZ}$ Ele trabalhou o dia inteiro], [$_{HIPOTÁTICA}$ então dormiu sossegado]].
b. *[[$_{HIPOTÁTICA}$ Então dormiu sossegado], [$_{MATRIZ}$ ele trabalhou o dia inteiro]].

Interessantemente, outros tipos de oração adverbial só podem ser alocados à esquerda da matriz, caso contrário, resultarão agramaticais.

(25) a. *[[$_{MATRIZ}$ Eu cancelei a reunião], [$_{HIPOTÁTICA}$ como você não vinha]].
b. [[$_{HIPOTÁTICA}$ Como você não vinha], [$_{MATRIZ}$ eu cancelei a reunião]].

A oração hipotática dos exemplos em (24) expressa valor circunstancial consecutivo. Por essa razão, sua antecipação à esquerda do conteúdo que, discursivamente, veicula a causa da consequência revelada na adverbial provoca uma anomalia – uma violação a um princípio **icônico** de organização frasal (como veremos com mais detalhe no próximo capítulo). Caso o valor circunstancial fosse outro (por exemplo, "finalidade"), a disposição linear da hipotática não seria rigidamente controlada na frase. Vemos isso ilustrado a seguir.

(26) a. [[_{MATRIZ} Ele trabalhou o dia inteiro], [_{HIPOTÁTICA} para que dormisse sossegado]].
   b. [[_{HIPOTÁTICA} Para que dormisse sossegado], [_{MATRIZ} ele trabalhou o dia inteiro]].

Nesse caso, a oração adverbial poderia ocupar diferentes nichos na estrutura do período, inclusive alguma posição entremeada na matriz (ex. *Ele, para que dormisse sossegado, trabalhou o dia inteiro*). A opção por cada uma dessas possibilidades de posicionamento linear será motivada por fatores discursivos, que estão além da compreensão puramente sintática da articulação entre orações. É por essa razão que a hipotaxe representa um tipo de articulação entre constituintes oracionais de efeito sintático-discursivo, distinto do fenômeno puramente sintático do encaixamento de subordinadas que estudamos na primeira metade deste capítulo.

Além das adverbiais, o período composto por hipotaxe compreende também as **hipotáticas apositivas**. De acordo com o que estudamos no capítulo anterior, um aposto é uma função naturalmente hipotática, pois consiste na introdução de um constituinte à parte de outro. Ou seja, um aposto retoma o conteúdo ou a referência de um termo já citado na sentença, posicionando-se ao seu lado para imprimir-lhe algum valor discursivo, como explicação, enumeração, recapitulação, resumo etc. Em virtude de seu caráter eminentemente textual, um aposto caracteriza-se como função sintática isolada na própria NGB, como vimos anteriormente. Portanto, orações apositivas não podem ser caracterizadas como um caso de encaixamento sintático. Trata-se, com efeito, de mais um tipo de articulação oracional por hipotaxe.

Nos ensinamentos da gramática normativa tradicional, orações hipotáticas apositivas são inadequadamente descritas como "subordinadas substantivas apositivas" ou como "subordinadas adjetivas explicativas". Em seguida, apresentamos, em (27a), uma hipotática que se associa discursivamente ao conteúdo da oração matriz e, em (27b), ilustramos uma hipotática que assume a referência de um SN específico da matriz.

(27) a. [[_MATRIZ_ Ele disse uma coisa importante:] [_HIPOTÁTICA_ que o Brasil será o Colosso do Sul]].

b. [[_MATRIZ_ O Brasil, [_HIPOTÁTICA_ que será o Colosso do Sul], ainda não resolveu seus problemas sociais mais básicos]].

Em (27a), a oração hipotática desempenha função de aposto em relação ao conteúdo proposicional expresso pela matriz, isto é, *que o Brasil será o Colosso do Sul* é o conteúdo da apositiva, o qual revela a tal "coisa importante que ele disse" anunciada na matriz. Gramáticos normativos identificam orações apositivas, como [que o Brasil será o Colosso do Sul] no exemplo citado, equivocadamente como orações substantivas. Tal confusão decorre da semelhança superficial entre orações que são diretamente inseridas na matriz (encaixamento) e orações que são apostas a um constituinte (hipotaxe), o qual, por sua vez, é o que de fato se encaixa em alguma posição sintática da matriz. Realmente, a oração hipotática do exemplo poderia ter sido selecionada como complemento do verbo [disse], núcleo do predicado da matriz, fato que a caracterizaria como um objeto direto oracional: [Ele disse [que o Brasil será o Colosso do Sul]]. Todavia, essa possibilidade é irrelevante para os interesses da análise sintática, já que a construção *disse que* **não figura na frase**! O que vemos objetivamente na sentença referida é que o complemento de V é o SN [uma coisa importante], e não a oração apositiva. Portanto, não estamos diante de um caso de encaixamento entre orações. O que vemos é, na verdade, uma oração hipotática que se posiciona à parte da matriz, fazendo-lhe uma aposição num período composto por hipotaxe.

Em (27b), a oração [que será o Colosso do Sul] se apõe ao SN [o Brasil]. Trata-se, por isso, de um aposto referencial de natureza explicativa. Essa aposição cumpre o objetivo de adicionar informação ao referente citado, de modo a produzir algum efeito na representação discursiva da frase. Orações hipotáticas apostas a SN também são chamadas de **relativas apositivas**, de **relativas explicativas** ou, ainda, de **relativas não restritivas**. A razão para identificá-las como "relativas" é bastante direta: esse tipo de oração (i) toma um SN específico como referente e (ii) possui em seu interior uma lacuna a ser vinculada a tal SN, bem à semelhança do que vimos acerca das relativas restritivas. Por sua vez, a motivação para o termo "explicativa" decorre do efeito discursivo promovido pelo aposto oracional.

Relativas hipotáticas e relativas encaixadas articulam-se à oração matriz de maneira distinta. Enquanto as encaixadas se adjungem a um SN, modificando-lhe a referência, as hipotáticas são apostas a um SN e não lhe modificam a referência. Comprove isso com as frases a seguir.

(28) a. [[$_{MATRIZ}$ [$_{SN}$ O povo [$_{ENCAIXADA}$ que sempre luta] vence]].
b. [[$_{MATRIZ}$ [$_{SN}$ O povo, [$_{HIPOTÁTICA}$ que sempre luta], vence]].

Na primeira frase, a relativa encaixada restringe a referência do SN [o povo]. Logo, o efeito sintático-semântico da frase é o seguinte: nem todo tipo de povo vence, somente aquele povo que luta sempre, o povo lutador, é que vence. Já na segunda frase, a relativa hipotática apenas acrescenta ao SN [o povo] uma de suas características próprias: o fato de o povo sempre lutar. Assim sendo, o efeito sintático-discursivo dessa frase é o seguinte: todos os povos ao final vencem, pois lutar sempre é uma característica do povo. Tamanha diferença na representação conceitual de frases superficialmente tão parecidas não se produz por acaso. Na verdade, a distinção semântico-discursiva entre (28a) e (28b) decorre da articulação sintática estabelecida na composição do período: respectivamente, se encaixamento ou se hipotaxe. Como você pode ver, a simplificação, perpetrada em gramáticas normativas tradicionais, na descrição de relativas restritivas e de relativas explicativas – que são igualmente interpretadas como subordinadas e diferenciadas em função do mero emprego do recurso gráfico da vírgula – incorre em grave inadequação descritiva e deixa escapar as sutilezas de interpretação que uma grande diferença sintática pode produzir.

3.1 Conectivos hipotáticos

Na articulação entre orações, conectivos adverbiais funcionam como complementadores. Sendo assim, são introdutores de hipotáticas adverbiais. Contudo, em comparação aos complementadores de orações substantivas, eles possuem uma natureza muito mais semântico-discursiva do que propriamente sintática. Isso quer dizer que elementos como *quando* e *embora* não são simples conectores de oração, cujo papel na estrutura do período seja somente demarcar fronteiras sintáticas. Em vez disso, complementadores adverbiais são legítimos operadores de significado que explicitam o valor semântico-discursivo da oração que introduzem. Vemos, na tabela que segue, uma lista não exaustiva desses tipos de conectivo. Perceba que muitos complementadores adverbiais configuram locuções conectivas.

Significado	Conectivos
Causa	porque, uma vez que, visto que, como etc.
Consequência	tão que, de modo que, de forma que, então etc.
Comparação	como, tal qual, que, do que, assim como etc.
Conformidade	conforme, segundo, consoante etc.
Concessão	embora, se bem que, ainda que etc.
Condição	se, caso, contanto que, salvo se etc.
Proporção	à medida que, na proporção que etc.
Finalidade	para que, a fim de que, com o fim de etc.
Tempo	quando, enquanto, sempre que etc.

De um ponto de vista estritamente sintático, não existem subclassificações para as orações hipotáticas adverbiais. Um sintaticista as descreveria simplesmente como "adjuntos adverbiais oracionais" ou "orações adverbiais". A especificação do tipo semântico-discursivo de uma adverbial – levada a cabo por termos como "causal", "concessiva", "condicional" etc. – configura um ótimo exercício de natureza conceitual, o qual, não obstante, se encontra fora do escopo da sintaxe mais estrita. Da mesma forma, a reescritura de um mesmo tipo semântico-discursivo de uma oração adverbial por meio de diferentes conectivos ou locuções conectivas caracteriza um excelente treino epilinguístico de produção textual. Esse recurso didático, entretanto, também está além da fronteira ontológica e epistemológica da descrição e da análise sintáticas *stricto sensu*.

Por sua vez, relativas hipotáticas são introduzidas pelos mesmos pronomes relativos que encabeçam relativas restritivas. Também listamos os mais comuns desses conectivos a seguir.

Pronomes invariáveis	Pronomes variáveis
que, quem, onde	o qual (a qual, os quais, as quais)
	cujo (cuja, cujos, cujas)

Nas relativas hipotáticas, os pronomes relativos realizam a mesma dupla operação anáfora-catáfora que descrevemos acerca das relativas restritivas. Logo, também nesse tipo de relativas, o introdutor da oração é um operador morfossintático, que assumirá um referente SN na matriz e o associará a uma lacuna no domínio da hipotática, tal como se ilustra em seguida.

(29) [[MATRIZ [SN Você, [HIPOTÁTICA que eu conheço __ há anos], não me trai]].
↑_____↑_____↑

Nesse exemplo, o pronome relativo [que] vincula seu referente, o SN [você], à lacuna em posição de objeto direto no interior da oração relativa hipotática. Na língua portuguesa, assim como nas subordinadas restritivas, essa operação relativizadora pode acontecer em qualquer posição sintática nas relativas explicativas, tanto no SN referente da matriz quanto na lacuna na hipotática.

É notável que, na ausência de uma preposição anterior, o emprego de [o qual] e suas flexões seja mais aceitável em relativas apositivas do que em relativas restritivas. Vejamos.

(30) a. [[MATRIZ O filme [ENCAIXADA que nós vimos] é muito importante]].
b. ? [[MATRIZ O filme [ENCAIXADA o qual nós vimos] é muito importante]].
c. [[MATRIZ O filme, [ENCAIXADA que todos devem ver], é muito importante]].
d. [[MATRIZ O filme, [ENCAIXADA o qual todos devem ver], é muito importante]].

Em relação ao português europeu, as professoras Ana Maria Brito e Inês Duarte são categóricas ao afirmar que "em relativas restritivas, [que] não é comutável por [o qual], o que distingue as relativas restritivas das apositivas" (cf. Mateus et. al, 2003: 662). No português do Brasil, não temos tanta certeza da agramaticalidade de (30b). Em verdade, o item [que] se caracteriza com um elemento multifuncional em língua portuguesa, razão pela qual é muito comum que estudantes e escritores procurem substituí-lo por outra forma linguística na elaboração de um texto, a fim de evitar excessivas repetições vocabulares. Em razão disso, é normal que [o qual] e suas flexões sejam identificados como "bons usos" da língua, dos quais muitos usuários tentam se aproximar – às vezes de maneira desajeitada (veja, por exemplo, essa disfluência real encontrada na redação de um calouro universitário: *A faculdade a qual que o ser humano tem inata é a linguagem*). Assim sendo, é possível que nossa incerteza sobre (30b) reflita valores sociolinguísticos de prestígio associados ao uso desse tipo de pronome em particular.

3.2 Hipotáticas reduzidas

Orações adverbiais também podem ser articuladas à matriz sem a interveniência de conectivos e com um verbo em forma nominal. Vejamos exemplos de oração **adverbial reduzida** de gerúndio, de infinitivo e de particípio.

(31) a. [[$_{HIPOTÁTICA}$ Chegando em casa], [$_{MATRIZ}$ você deve avisar aos amigos]].
b. [[$_{MATRIZ}$ O povo se mobilizará], [$_{HIPOTÁTICA}$ para o Brasil mudar]].
c. [[$_{HIPOTÁTICA}$ Definidas as candidaturas], [$_{MATRIZ}$ começará a campanha]].

No primeiro exemplo, uma adverbial antecede sua matriz e marca-lhe uma circunstância temporal. O verbo nessa oração encontra-se no gerúndio [chegando] e possui um sujeito oculto [você], que é correferente ao sujeito da oração matriz (*você*). Essa correferência é, entretanto, acidental. Note que, em (31b), o sujeito da adverbial de valor final é o SN [o Brasil], ao passo que o sujeito da matriz é [o povo]. Nessa hipotática, a categoria V se encontra no infinitivo, caracterizando, assim, o caso de uma adverbial reduzida. Note bem: em (31a), não ocorre oração reduzida na matriz, apesar da ocorrência de infinitivo no verbo [avisar]. Você pode explicar por quê?

Por fim, as orações da sentença em (31c) também são articuladas sem a presença de conectivos e com o verbo da hipotática em forma infinita. Nesse caso, temos uma reduzida de particípio: [*definidas* as candidaturas].

É interessante atentarmos para o fato de que a identificação do valor semântico-discursivo das hipotáticas adverbiais reduzidas não pode ser deduzida de sua estrutura sintática. Por exemplo, contraste o valor temporal de (31a) com o que se diz em (32).

(32) [~HIPOTÁTICA~ Votando assim], [~MATRIZ~ nós não mudaremos este país].

Ambas as sentenças possuem o mesmo tipo de articulação entre orações, isto é, são estruturadas por hipotaxe, com uma adverbial reduzida de gerúndio anteposta à matriz. Inclusive, o fenômeno da correferência entre os sujeitos de cada oração também se verifica nessas duas frases. No entanto, o valor semântico de (32) não é o mesmo que se verifica em (31). Com efeito, [votando assim] veicula uma noção condicional, diferente do conteúdo temporal de [chegando em casa]. Uma versão desenvolvida dessas frases seria provavelmente articulada por conectivos distintos: *quando* versus *se*. Logo, estamos mais uma vez diante de um bom exercício de análise semântico-discursiva, que escapa dos limites da sintaxe estrita.

Vejamos agora casos de relativas hipotáticas reduzidas.

(33) a. [~MATRIZ~ [~SN~ Aquele filme, [~HIPOTÁTICA~ elogiado por tanta gente], deveria ser premiado]].

b. [~MATRIZ~ [~SN~ A juíza, [~HIPOTÁTICA~ sendo uma pessoa pública], deveria ter mais cuidado com o que posta em redes sociais]].

c. [~MATRIZ~ Ele só tem um objetivo na vida:] [~HIPOTÁTICA~ chegar ao poder].

As frases (33a) e (33b) representam casos de orações relativas apositivas, enquanto (33c) encerra um caso de uma hipotática apositiva. Em (33a), temos uma oração hipotática **relativa apositiva reduzida de particípio**, em função da forma nominal [elogiado]. Já em (33b), ocorre uma **relativa apositiva reduzida de gerúndio**, dada a forma infinita [sendo]. A frase (33c), por fim, exemplifica uma oração **hipotática apositiva reduzida de infinitivo**, dada a forma não flexionada de V em [chegar].

4. PARATAXE

A articulação por parataxe consiste na simples **justaposição** entre orações. Tal justaposição caracteriza-se pela disposição de uma oração imediatamente ao lado de outra, sem que haja interseção sintática entre elas. Ou seja, num período composto por parataxe, cada oração compõe sua própria estrutura sintática de maneira isolada – o que significa que orações paratáticas são sintaticamente autônomas. Por conseguinte, a parataxe representa, em termos sintáticos, um caso de articulação entre orações ainda mais livre e menos rígido do que a hipotaxe. Nos compêndios de Gramática Normativa Tradicional, a articulação por parataxe recebe o nome de **coordenação** de orações.

Em sua expressão mais extrema, uma frase composta via parataxe pode apresentar orações tão somente enfileiradas segundo algum critério discursivo, como, por exemplo, sequência cronológica – tal como vemos a seguir.

(34) [[$_{ORAÇÃO}$ Fui à praia], [$_{ORAÇÃO}$ dei um mergulho], [$_{ORAÇÃO}$ voltei para casa]].

> Repare como, ao mesmo tempo em que cada oração é sintaticamente independente da outra, podemos depreender uma relação temporal entre elas. Essa relação é expressa pelo simples ordenamento paratático linear entre as orações. Em outras palavras, interpretamos a frase (34) como uma sequência narrativa de ações no mundo (real ou fictício) que tem início na primeira oração (*fui à praia*) e fim na última (*voltei para casa*). Esse efeito de linearidade na organização da frase reflete um princípio icônico (veja o próximo capítulo) sobre a organização dos eventos no mundo. Se trocarmos a ordem das orações, também entenderemos que a ordem dos eventos no mundo foi alterada – isto é, alteramos o conteúdo proposicional da frase. Veja:
>
> *Voltei para casa, dei um mergulho, fui à praia.*
>
> Apesar de não encontrarmos nenhuma marca morfológica presente na estruturação sintática entre essas orações (um conectivo, uma marca específica de flexão verbal etc.), entendemos que essa frase descreve eventos no mundo numa ordem diferente da que temos em (34). E esse efeito é causado pelo simples ordenamento paratático entre as orações.

Nesse exemplo, uma frase compõe-se de três orações. Na primeira, ocorre uma estrutura de predicação entre o sujeito oculto (*eu*) e o predicado verbal [fui à praia]. Em seguida, novamente um SV possui um predicador verbal (*dar*) que predica sobre um sujeito oculto, e o mesmo acontece na terceira oração, entre o núcleo do SV (*voltei*) e um SN oculto. Trata-se, portanto, de um caso de período composto, mas você deve perceber que a estrutura sintática de cada uma dessas orações independe das demais. Ou seja, a segunda oração não se caracteriza como argumento nem como adjunto da primeira, assim como a terceira não é um dos constituintes da segunda. Note que não há, em nenhuma das três orações, qualquer estrutura, seja por encaixamento, por hipotaxe ou mesmo por lacuna, que crie conexão sintática entre elas. Eis aqui uma boa ilustração do tipo de independência estrutural que as orações articuladas por parataxe possuem.

Com base no exemplo (34), seria possível também que três frases independentes, cada qual com somente uma oração, fossem articuladas no discurso, também por justaposição, e veiculassem o mesmo conteúdo proposicional que (34). Conferimos isso a seguir.

(35) Fui à praia. Dei um mergulho. Voltei para casa.

Apesar de veicularem o mesmo conteúdo, (34) e (35) divergem em sua estruturação sintática porque, no primeiro caso, três orações paratáticas compõem somente um período, enquanto, no segundo, enfileiram-se três períodos, cada qual com uma oração absoluta. Essa comparação é relevante para percebermos que o fato de orações ou frases compartilharem um (ou mais) referente no discurso e, desse modo, possuírem constituintes correferentes não configura vínculo sintático. Tanto (34) quanto (35) compartilham a referência do sujeito. Isso, no entanto, é acidental. Em (36), podemos ver um período articulado por parataxe, novamente com três orações, cada qual com seu próprio sujeito.

(36) [[$_{ORAÇÃO}$ João estuda inglês], [$_{ORAÇÃO}$ Maria é professora], [$_{ORAÇÃO}$ Pedro vende importados]].

Aqui temos, novamente, três orações distintas, que formam um período por parataxe. Cada oração tem seu próprio sujeito e sua organização sintática interna própria.

4.1 Conectivos paratáticos

A relação de significado estabelecida em (34) e (36) deve ser inferida pela pessoa que ouve ou lê essas frases num determinado contexto comunicativo. Em ambas, as orações são discursivamente interpretadas como adição de informações: a segunda oração agrega uma informação à primeira e a terceira confere outra informação ao conjunto do que já havia sido dito.

Em (34), vimos também que uma relação de temporalidade entre as ações expressas pelas orações pode ser, da mesma forma, depreendida. Não obstante, as línguas normalmente dispõem de itens lexicais que podem ser empregados na articulação do período de modo a explicitar a relação semântico-discursiva que se estabelece entre as orações paratáticas. Trata-se das chamadas **conjunções** (ou locuções conjuntivas) **coordenativas**.

Conjunções paratáticas são conectivos de valor conceitual semelhantes aos que estudamos acerca da articulação por hipotaxe adverbial. Isto é, eles não são marcadores de fronteira oracional (como nas encaixadas), tampouco são operadores morfossintáticos (como nas relativas). Sua função é expressar o valor conceitual que se depreende da articulação entre duas orações articuladas via parataxe. Vemos isso ilustrado a seguir. Perceba, a partir do exemplo (37b), que, na articulação paratática, um conectivo pode posicionar-se ao longo da segunda (ou terceira etc.) oração – e não imediatamente ao seu início –, diferentemente do que ocorre com as encaixadas e as hipotáticas.

(37) a. [[$_{ORAÇÃO}$ Fui à praia], [$_{ORAÇÃO}$ porém não tomei sol]].
 b. [[$_{ORAÇÃO}$ O presidente prometeu mudanças], [$_{ORAÇÃO}$ até agora, no entanto, nada foi feio]].
 c. [[$_{ORAÇÃO}$ Não havia provas], [$_{ORAÇÃO}$ portanto o caso deveria ser encerrado]].
 d. [[$_{ORAÇÃO}$ Você espera aqui mesmo], [$_{ORAÇÃO}$ que volto já]].

Em (37a), o conectivo [porém] explicita a noção de quebra de expectativa, na segunda oração, relativamente ao conteúdo da primeira. Você deve ter analisado orações desse tipo na escola como "coordenadas adversativas". Na frase seguinte, o mesmo valor conceitual é veiculado pela locução [no entanto]. As relações semânticas dos conectivos destacados em (37c) e (37d) são, respectivamente, uma conclusão (na segunda oração), a partir do valor proposicional da primeira, e uma explicação (com o já nosso conhecido e polivalente [que]), que introduz uma justificativa para o comando expresso na oração anterior. A seguir, apresentamos um quadro não exaustivo das principais relações de significado estabelecidas entre orações paratáticas.

Significado	Conectivos
Adição	e, nem, também
Contraste	mas, porém, contudo, todavia etc.
Alternância	Ou, quer, seja etc.
Conclusão	portanto, logo, pois, por isso etc.
Explicação	pois, que, porque etc.

Tradicionalmente, orações paratáticas que explicitam, num conectivo, seu valor semântico-discursivo são batizadas com o termo coordenadas **sindéticas**, por contraste ao valor oposto (orações **assindéticas**), empregado quando não há conectivo expresso e a relação conceitual entre as paratáticas deve ser inferida. Como se vê, o baixo grau de vinculação sintática entre as orações de um período composto por parataxe faz com que a maior fração do aparato descritivo empregado na análise desse tipo de estrutura linguística seja de natureza semântica e/ou pragmática.

4.2 Paratáticas reduzidas

Orações paratáticas também podem ser articuladas entre si de forma reduzida. Nesse tipo de estruturação, o que tipicamente acontece é a segunda oração articular-se à primeira com seu V em forma de gerúndio, conferindo-lhe uma adição, tal como se vê em seguida.

(38) [[$_{ORAÇÃO}$ O jornalista reconheceu seu erro], [$_{ORAÇÃO}$ desculpando-se logo em seguida]].

Noutros casos, a segunda oração pode se articular à primeira como reduzida de infinitivo. Nesse caso, a interpretação discursiva a ser atribuída à coordenada não é tão facilmente identificável, conforme vemos acontecer em (39).

(39) [[$_{ORAÇÃO}$ O acusado mentiu friamente], [$_{ORAÇÃO}$ sem demonstrar remorso]].

Aqui, a segunda oração parece associar um valor **modal** à primeira, mas é também possível inferir entre as duas orações uma relação explicativa. De todo modo, exemplos como esses evidenciam os casos limítrofes na articulação entre orações, nos quais nem sempre é possível distinguir claramente hipotaxe e parataxe. Analisaremos esses casos problemáticos mais à frente neste capítulo.

5. ORAÇÕES CORRELATAS

Na análise do período composto por encaixamento, por hipotaxe ou por parataxe, sempre é possível identificar a região de fronteira entre uma oração e outra. Isto é, seja pela demarcação feita por um conectivo, seja pela clara independência de distintas estruturas de predicação, não é difícil identificarmos o ponto preciso, na linearidade da sentença, em que a oração matriz termina e uma encaixada ou uma hipotática tem início – ou em que uma paratática se inicia, após a anterior. Com as orações correlatas, um fenômeno bem distinto acontece. Nesse tipo de articulação sintática, duas orações são articuladas de maneira interdependente, de modo que não é possível delimitar com clareza em que ponto deixamos o domínio de uma oração e adentramos no da outra. Isto é, num período constituído por correlação, duas orações implicam-se mutuamente.

(40) a. Aquele político não só é corrupto como também é racista.

correlação

b. O orador falou tão baixo que ninguém entendeu o discurso.

correlação

Nesses exemplos, notamos que, no domínio do que chamaríamos de "primeira oração", ocorre um constituinte que já antecipa parte do que será enunciado na "oração seguinte". Em (40b), o termo correlativo [tão] seleciona outro item dessa mesma natureza [que]. Note que cada um dos dois elementos correlativos ocorre no domínio de predicações verbais distintas: [[falou tão] ... [que ninguém entendeu]]. É fato que esse período se constitui por duas orações, já que há nele duas predicações mediadas por um SV, porém algo na composição da "primeira" oração ([tão...]) pressupõe a articulação da "segunda", bem como algo na "segunda oração" ([...que]) é articulado como continuação da "primeira". Não podemos, portanto, nos precipitar na descrição de uma frase como essa e identificar o [que] como um claro demarcador de fronteira, pois antes dele o item [tão] já antevê a integração entre constituintes oracionais. Por seu turno, em (40a), a expressão correlativa [não só] acontece no domínio do que também chamaríamos de "primeira oração". Tal expressão pressupõe sua contraparte [como também], a qual ocorre somente na oração seguinte. Ora, tanto em (40a) como em (40b), estamos diante de um caso de **coarticulação oracional**. Trata-se de um tipo de composição de período composto distinto de tudo o que havíamos estudado até aqui.

As orações correlatas não devem ser confundidas com as hipotáticas adverbiais, pois essas não se implicam reciprocamente, por meio de articuladores descontínuos, como ocorre na correlação. A necessidade dessa distinção já havia sido anunciada pelo professor José de Oiticica, no ano de 1919. No entanto, nossa tradição gramatical normativa até o presente ignora o fenômeno das orações correlatas, tratando-as como casos de orações adverbiais. De fato, ainda são relativamente poucos os trabalhos acadêmicos que tratam do tema, como os de Rodrigues (2001) e Rosário (2012, 2017).

6. ORAÇÕES DESGARRADAS

A professora Maria Beatriz Decat (cf. Decat, 2011) define as orações desgarradas como estruturas oracionais que se relacionam a uma matriz de forma sintaticamente isolada, à maneira de um frase independente. Essas orações se comportam como se fossem uma hipotática sem matriz. Podemos ver alguns exemplos desse tipo de construção em (41) a seguir.

(41) a. [A confusão começou em 2014.] [Quando as eleições foram encerradas.]
b. [Ele não compareceu à reunião.] [Embora tenha sido avisado com antecedência.]
c. [Maria gosta de IPA.] [Que é seu tipo de cerveja favorita.]
d. [Aquele candidato só falou bobagens.] [O que afinal não é surpreendente].

Em todos esses casos, uma oração realiza modificação hipotática numa oração à sua esquerda, bem à maneira das adverbiais e das relativas explicativas. Porém, fazem isso num período à parte, como se tivessem sido desgarradas de uma frase para a outra. No primeiro exemplo, temos a ocorrência de uma adverbial temporal, que interessantemente não se encontra no mesmo período da oração matriz à qual imprime esse valor circunstancial. O mesmo se verifica em (41b), em que a concessão expressa pela adverbial ocorre numa frase separada da respectiva matriz. Já em (41c), a segunda frase estrutura-se como aposto oracional do SN [IPA], o que o caracteriza como uma relativa hipotática. No entanto, essa relativa localiza-se em outro período com relação àquele que contém o SN que sofre o aposto. Por fim, (41d) revela um caso ainda mais intrigante: temos uma relativa restritiva adjunta ao SN unitário [o]. Ocorre que "SN + relativa" não estão inseridos em nenhuma oração matriz. Na verdade, o pronome *o* retoma anaforicamente toda a frase anterior, o que caracteriza a construção como mais um caso de uma oração desgarrada.

O uso de orações desgarradas é extremamente produtivo na produção oral e escrita em diferentes gêneros discursivos (cf. Decat, 1999, 2001, 2005, 2011). Portanto, não se trata de uma má estruturação do período, como uma análise superficial poderia sugerir. Pelo contrário, trata-se de um recurso textual importante em certas estratégias argumentativas.

7. CASOS LIMÍTROFES

Antes de concluirmos este capítulo, gostaríamos de dizer que, nos textos da vida real, uma frase pode ser articulada por mais de um tipo de vinculação entre orações. Ou seja, podemos encontrar, num mesmo período, orações encaixadas, orações hipotáticas e orações paratáticas, além de orações correlatas e eventuais desgarradas. Na frase que segue, por exemplo, diferentes tipos de articulação oracional acontecem.

(42) Ele disse que a eleição transcorrerá em paz, embora haja muita expectativa de provocações entre os eleitores, que defenderão seus candidatos, mas sempre mantendo o respeito pelos outros.

Encontramos aqui um caso de encaixamento [ele disse que a eleição transcorrerá em paz], seguido de uma hipotaxe adverbial [embora haja muita expectativa de provocações entre os eleitores], em cujo domínio há um SN modificado por uma relativa apositiva [que defenderão seus candidatos] na qual uma paratática reduzida de gerúndio é enfileirada [mas sempre mantendo o respeito pelos outros].

Apresentamos, neste capítulo, diferentes expedientes sintáticos de estruturação de frases complexas de maneira separada, em função da natureza didática de nossa exposição neste livro. Em situações reais de uso, contudo, nosso mundo linguístico pode ser muito mais (interessante e) complexo.

Além disso, é importante apontarmos o fato de que nem sempre é possível traçar nitidamente um limite entre certos tipos de articulação oracional. Por exemplo, no par de frases a seguir, é comum que sintaticistas vacilem em decidir se ocorre hipotaxe ou parataxe.

(43) Aquele biscoito vende mais porque é fresquinho.

No caso, [porque é fresquinho] representa a causa adverbial – portanto, hipotática – da venda excepcional do biscoito ou representa uma explicação – portanto, paratática – para a afirmação veiculada na primeira oração? Talvez você possa sustentar sua escolha por uma das duas análises, mas um colega seu poderá discordar e apresentar argumentos em favor de uma análise alternativa.

Veja a seguir mais um caso delicado. Em (44), temos o caso de uma relativa hipotática reduzida ou temos uma adverbial reduzida?

(44) Você, sendo meu amigo, não deveria me trair.

Não parece possível decidir definitivamente por uma análise ou outra. Na hipotática [você [que é meu amigo] não deveria me trair] temos claramente um caso de relativa explicativa, assim como em [você, [já que é meu amigo], não deveria me trair] há um caso nítido de uma adverbial. No entanto, a reduzida em (44) poderia ser parafraseada tanto pela explicativa como pela adverbial citadas.

Além disso, não é claro se frases nominais em que a elipse de formas verbais é evidente deveriam ser analisadas como casos de período composto. Por exemplo, como poderíamos analisar casos como *Farinha pouca, meu pirão primeiro* ou *Casa de ferreiro, espeto de pau*?

Temos aqui formas abreviadas dos períodos compostos *Se a farinha é pouca, faça-se meu pirão primeiro* e *A casa é de ferreiro, mas o espeto é de pau*?

Por fim, frases feitas e provérbios devem ser analisados normalmente como casos de hipotaxe ou de parataxe? Ou esses são casos de estruturas indecomponíveis e, assim, inanalisáveis em termos de funções sintáticas? Isso quer dizer que, na prática, não temos como definir a sintaxe de sentenças como *Bateu, levou* ou *Escreveu, não leu, o pau comeu*. Parece fácil inferir que há circunstâncias adverbiais nesses exemplos (*Se me bater, vai levar, Se escrever, mas não ler, vai apanhar*). Portanto, trata-se de hipotaxe?

Casos como esses, entre diversos outros, indicam que ainda há muito o que se descobrir sobre a sintaxe das línguas em geral e a do português em particular. Não é por outra razão que a pesquisa linguística é rica em abordagens dedicadas aos estudos de sintaxe, como vimos até aqui e como veremos no capítulo seguinte.

Leituras complementares

Neste capítulo, estudamos as relações entre as orações, algo que costuma aparecer sobre o rótulo de "análise sintática externa" nas gramáticas escolares. O leitor deve ter percebido que extrapolamos o que costumamos encontrar nessas gramáticas, apesar de estarmos muitíssimo longe de esgotar o assunto (pelo contrário, aqui, talvez, tenhamos apresentado os primeiros passos para uma análise que vai além da tradição gramatical).

O leitor interessado pode encontrar outros textos acessíveis disponíveis no mercado editorial brasileiro, como o estudo pioneiro de Othon Garcia, *Comunicação em prosa moderna*, de 1967. Além desse estudo pioneiro, há também alguns manuais e gramáticas que trazem análises interessantes sobre os fenômenos que estudamos no capítulo, como Moreno e Guedes (1979), Moura Neves (2000), Azeredo (2008), Rodrigues (2010), Bagno (2011), Hauy (2014).

Exercícios

1. Explique o que se entende por **encaixamento**, **hipotaxe** e **parataxe** em Sintaxe.

2. Faça as árvores sintáticas das seguintes frases.
    a. Aquele político não gosta de que o chamem de conservador.
    b. O povo tem consciência de que o Brasil é um país muito desigual.
    c. Meu maior desejo é que as coisas mudem para melhor.
    d. Que haja justiça é sempre desejável.

3. Faça as árvores das seguintes frases e discuta qual é a melhor análise para classificar o sujeito da frase, se estamos diante de um sujeito expletivo ou oracional.
    a. Que haja justiça é sempre desejável.
    b. É sempre desejável que haja justiça.

4. Faça as árvores sintáticas das frases seguintes e explique, em suas palavras, a diferença entre distância linear e distância estrutural.
    a. O rato que o gato que o cachorro espantou perseguia fugiu.
    b. O rato que meu amigo tinha comprado numa feira de animais domésticos peculiares no centro de Porto Alegre fugiu.

5. Pegue o livro que estiver mais próximo de você (sem ser este que está em suas mãos agora!). Abra aleatoriamente numa página e faça a análise sintática da primeira frase em que você botar os olhos. Repare nos recursos sintáticos que o autor do texto usou para expressar a informação veiculada na frase em questão. Veja a frase seguinte e a anterior e repare nas ligações de significado que elas mantêm com a frase que você analisou.

DUAS ABORDAGENS NO ESTUDO DA SINTAXE

Objetivos gerais do capítulo

- Tradição normativa e formalismo – explicitaremos a orientação da Gramática Tradicional e da tradição Gerativista subjacente às análises sintáticas dos capítulos anteriores;
- Funcionalismo e demais teorias baseadas no uso – descrevemos as principais hipóteses teóricas e as mais importantes categorias analíticas da Sintaxe de orientação Funcional;
- Experimentos em Sintaxe – descrevemos os fundamentos epistemológicos e metodológicos da pesquisa experimental sobre Sintaxe.

1. A ABORDAGEM TRADICIONAL-NORMATIVA E A ABORDAGEM FORMALISTA

Com este livro, temos a intenção de apresentar ao público universitário as ferramentas teóricas e descritivas essenciais à iniciação no estudo da Sintaxe. A cada página, procuramos oferecer a você, leitor, uma oportunidade de compreender noções indispensáveis ao trabalho do sintaticista. Com efeito, as categorias linguísticas que aqui examinamos – como "item lexical", "sintagma", "função sintática", "oração" "frase", "hierarquia", "ordenamento" e "articulação entre orações" – perpassam, em maior ou menor grau, todos os estudos sérios sobre Sintaxe em qualquer língua natural (como o português, o inglês, a Libras, o ticuna, o mandarim...). Sendo assim, acreditamos que, seja qual for a corrente teórica que você, como estudante, venha a adotar no aprofundamento futuro de sua formação linguística, os conceitos contemplados ao longo deste livro constituirão os alicerces de seu conhecimento sobre Sintaxe.

Além de nossa preocupação puramente científica, esperamos que os conteúdos apresentados nos três capítulos anteriores lhe sejam úteis também em sua atuação como professor/professora. Esforçamo-nos ao máximo para reunir, neste volume, os melhores subsídios para a sua vida docente. Sabemos do grande desafio que será a sua tarefa de pesquisar e/ou ensinar Sintaxe de maneira descritivamente adequada no contexto brasileiro.

Até o presente capítulo, introduzimos o leitor aos elementos fundamentais no estudo da Sintaxe com ênfase em dados do português brasileiro, sem nos atermos explicitamente a nenhuma abordagem teórica específica. Para sermos honestos, muito do que apresentamos nas páginas anteriores esteve, de alguma forma, sustentado em conhecimentos de Sintaxe produzidos pela Gramática Normativa Tradicional e pela **Linguística Gerativa**. Baseamo-nos nos ensinamentos de Sintaxe da tradição gramatical porque julgamos que você já tenha se familiarizado, ao longo de sua jornada acadêmica, com a análise de cunho tradicional-normativo presente em diferentes gramáticas escolares e livros didáticos de língua portuguesa veiculados no Brasil. Sempre que as noções de Gramática Tradicional falharam ou se mostraram limitadas, expandimos nossas explicações apresentando conceitos oriundos da tradição da Linguística Gerativa – como, por exemplo, a noção de sintagma e as representações de estruturas em árvores sintáticas. Adotamos essa **orientação formalista** por dois motivos básicos.

ABORDAGEM FORMALISTA E GERATIVISMO

Uma abordagem formalista caracteriza-se como tal por seu esforço em elaborar descrições linguísticas de modo formal, isto é, da maneira mais explícita possível, com recurso a fórmulas e demais técnicas de formalização como árvores sintáticas e formas lógicas. Além disso, análises linguísticas formais abstraem das línguas naturais todas as suas funções práticas, como a comunicação e a interação, de modo que se torne possível produzir formalizações acerca das estruturas linguísticas abstratas que subjazem ao uso real de uma língua. Não raramente, abordagens formalistas são simplificadamente identificadas como aquelas dedicadas às formas linguísticas independentes de suas funções.

A Linguística Gerativa é a mais conhecida abordagem formal das ciências da linguagem. O nome do fundador e principal teórico dessa corrente linguística – Noam Chomsky – está fortemente associado aos termos "formal", "formalismo" etc. Não obstante, uma abordagem formal não se restringe ao gerativismo, nem ao estudo da Sintaxe. Há pesquisadores formalistas não gerativistas e há formalismos acerca de todos os componentes da linguagem humana. Na Linguística em geral, portanto, além da Sintaxe Formal, existem também áreas como Semântica Formal, Pragmática Formal etc.

Em primeiro lugar, nós, autores, tivemos formação em Sintaxe Gerativa ao longo de muitos anos como estudantes e como pesquisadores da área. Em segundo lugar, o formalismo gerativista é, salvo melhor juízo, a teoria mais estudada e mais desenvolvida no estudo de Sintaxe tanto em universidades estrangeiras (sobretudo as dos EUA) como brasileiras – basta ver, por exemplo, que diversos manuais didáticos difundidos nos cursos de graduação e pós-graduação *stricto sensu* do país contam com capítulos de introdução à abordagem gerativa (cf. Mussalim e Bentes, 2001; Fiorin, 2002; Guimarães e Zoppi Fontana, 2006; Martelotta 2008a; Schwindt, 2014, por exemplo). Instrumentalizar você nesses dois modelos de Sintaxe é principal missão deste volume.

Neste nosso último capítulo do livro, desejamos ampliar seus conhecimentos básicos em Sintaxe apresentando-lhe duas abordagens teóricas distintas da Gramática Tradicional e da Linguística Gerativa: a **Sintaxe Funcional** e a **Sintaxe Experimental**. Tanto o Funcionalismo Linguístico quanto a Sintaxe Experimental são abordagens exploradas, via de regra, apenas em cursos de mestrado e de doutorado nos melhores programas de pós-graduação em Letras, em Linguística e em Estudos da Linguagem do país. Portanto, ao apresentarmos as seções a seguir, visamos não somente enriquecer sua formação como bacharel e/ou licenciado, como também estimular seu desejo de aprofundamento nos estudos de Sintaxe para além da graduação.

SINTAXE, SINTAXES

Em 2015, nós, autores, organizamos pela editora Contexto o livro *Sintaxe, sintaxes: uma introdução*. Nele, o leitor encontrará capítulos introdutórios e bastante elucidativos sobre onze diferentes vertentes contemporâneas de estudos em sintaxe: Sintaxe Gerativa, Sintaxe Minimalista, Sintaxe Experimental, Sintaxe Tipológica, Sintaxe Lexical, Sintaxe Computacional, Sintaxe Funcional, Sintaxe Construcionista, Sintaxe Descritiva, Sintaxe Normativa Tradicional e Sintaxe em Teoria da Otimidade. Convidamos você a conhecer tal livro para, assim, manter contato inicial com diversas outras abordagens no estudo sintático das línguas.

---

2. ABORDAGEM FUNCIONALISTA

O funcionalismo é a vertente mais madura dos estudos linguísticos que se reconhecem como **abordagens baseadas no uso** de uma língua. Se quisermos estudar Sintaxe pelo viés teórico funcionalista, devemos compreender a língua como um **código comunicativo**, isto é, como um sistema cuja finalidade é veicular informação numa situação comunicativa real. Em decorrência disso, quando um funcionalista se dedica ao estudo da Sintaxe, ele assumirá que os fenômenos desse componente linguístico refletirão, em algum grau, diferentes valores e intenções comunicativas construídos no uso real da língua. De fato, uma das ideias centrais da abordagem funcionalista é a de que as estruturas das línguas são fortemente determinadas por suas **funções**. Para um funcionalista, pesquisar a sintaxe de uma língua é compreender e descrever o valor funcional (em termos comunicativos e de estrutura informacional) das diversas unidades estruturais existentes na gramática dessa língua. A Sintaxe Funcionalista é, portanto, uma abordagem que procura enfatizar a **relação entre forma e função** na organização sintática e gramatical da língua.

ORIGENS DO FUNCIONALISMO

Os principais linguistas dos anos de formação do funcionalismo foram Nikolai Trubetzkoy, Roman Jakobson e André Martinet.

Nikolai Trubetzkoy (1890-1938), de origem russa, foi o principal fundador da Escola Linguística de Praga e um dos pioneiros em trabalhos na interface entre Morfologia e Fonologia. Juntamente com Jakobson, Trubetzkoy estabeleceu conceitos fundamentais para a Fonética e a Fonologia, reunidos em sua obra póstuma *Princípios de fonologia*.

Roman Jakobson (1896-1982) desenvolveu seu trabalho preocupado com a maneira pela qual uma forma linguística poderia servir à sua função principal: a comunicação. Juntamente com Trubetzkoy, Jakobson desenvolveu importantes trabalhos na Escola Linguística de Praga. Com a Segunda Guerra Mundial, Jakobson emigrou para os Estados Unidos e, em 1949, passou a trabalhar na Universidade de Harvard. Um de seus legados mais importantes e lembrados na Linguística talvez seja a noção de "funções da linguagem".

André Martinet (1908-1999) foi um linguista francês de grande importância nos estudos funcionalistas, muito influenciado pela Escola Linguística de Praga. Ele foi também o fundador da Sociedade de Linguística Funcional e um dos pioneiros no trabalho funcional da Sintaxe. Seu livro mais conhecido foi publicado em 1960, o *Elementos de linguística geral*.

As principais diretrizes da Sintaxe Funcional e do funcionalismo, em geral, podem ser assim resumidas:

(i) entender a linguagem como uma **competência comunicativa** dos falantes e, com base nesse axioma, estudar *o que* as pessoas comunicam (isto é, que tipos de informação são codificados linguisticamente) e *como* elas fazem isso (isto é, como a mensagem a ser transmitida pode ser codificada em unidades como fonemas, morfemas, sintagmas, orações, frases e discursos);

(ii) entender que a **competência gramatical** de um falante não é arbitrária; ela é, antes, reflexo de sua competência comunicativa. Em outras palavras, a gramática de uma língua é motivada pelas funções pertinentes à comunicação. Daí se depreende que deve existir uma relação natural (isto é, motivada e não arbitrária) entre forma/estrutura gramatical, de um lado, e função/uso linguístico, de outro.

Ambas as diretrizes orientarão diretamente o fazer da Sintaxe funcionalista em qualquer língua natural. Vejamos como isso acontece. Para começar, analisemos o conhecido **princípio da iconicidade**, conceito semiótico aplicado, nos estudos da linguagem, especialmente por funcionalistas nos EUA – o chamado funcionalismo norte-americano.

2.1 Iconicidade

Um exemplo de iconicidade na língua é a relação semiótica entre signo linguístico e evento real representado. Por exemplo, é natural pensarmos que um evento no mundo físico que não envolva nenhum participante seja codificado por uma estrutura sintática sem nenhum argumento, conforme (1) a seguir. De maneira semelhante, um evento que envolva um único participante poderá ser naturalmente codificado por um verbo com apenas um argumento – nesse caso, o sujeito, como se vê em (2). Já um evento que envolva dois participantes no mundo pode ser codificado por uma estrutura com dois argumentos gramaticais, um sujeito e um complemento verbal, tal como em (3).

(1) Ø choveu ontem – **evento sem participantes**.
(2) *João* dormiu – **evento com um participante**.
(3) *João* viu *Maria* – **evento com dois participantes**.

Essa é uma maneira icônica de representar um evento no mundo real (*chover*, *dormir* e *ver*, em nossos exemplos) por meio de formas linguísticas. Ou seja, trata-se de uma maneira icônica de codificar linguisticamente uma **cena do mundo**.

> **PRINCÍPIO DA ICONICIDADE**
>
> "Um ícone é algo como um retrato, ou uma escultura, de uma pessoa. Ou seja, um ícone se assemelha a seu referente, é a reprodução que mais diretamente espelha esse referente. A iconicidade seria, portanto, o princípio por meio do qual se pode criar uma estreita relação de semelhança entre uma coisa (uma imagem ou fotografia) e outra (o ser ou objeto retratado)."
> Dutra (2003: 41)

Outro exemplo da influência do princípio da iconicidade na gramática de uma língua pode estar refletido na organização linear dos constituintes da frase. Para entender isso, imagine a seguinte cena. Em um jogo de futebol, você vê um jogador com a bola nos pés. De repente, ele chuta a bola. Essa "cena", em língua portuguesa, seria muito provavelmente verbalizada como: *O jogador chutou a bola*. Com efeito, na maioria das línguas do mundo, verbalizamos essa cena numa frase estruturada como (4) ou (5).

(4) [O jogador]$_{sujeito}$ [chutou]$_{verbo}$ [a bola]$_{objeto}$
(5) [O jogador]$_{sujeito}$ [a bola]$_{objeto}$ [chutou]$_{verbo}$

Em um estudo tipológico, Dryer (2005) demonstrou que, entre 1.056 línguas catalogadas e organizadas em função da disposição linear de constituintes sintáticos, 497 seguem o padrão sujeito-objeto-verbo (SOV, como é o caso do coreano e do japonês, por exemplo) e 435 seguem o padrão sujeito-verbo-objeto (SVO, como o português e o mandarim, por exemplo). Ou seja, parece haver uma generalização de um princípio icônico de estruturação sintática em que o sujeito é o primeiro elemento da frase, pois ele antecede seu predicado em quase 90% das línguas pesquisadas. Naturalmente, esses dados dizem respeito a frases declarativas simples, com uma estrutura informacional "neutra", sem, por exemplo, ênfases ou contrastes. Noutras condições discursivas, outros tipos de ordenação linear podem ser mais produtivos. Não obstante, perceba que as frases (4) e (5) parecem descrever a cena conforme supomos que "ela aconteça", seja no mundo real, seja em nossa representação mental sobre esse mundo: um jogador (sujeito) desempenha uma ação (verbo) com um objeto do mundo (objeto do verbo). Podemos dizer, portanto, que a organização sintática SVO em português (ou SOV, noutras línguas), por refletir a cena que descreve, pode ser entendida como uma organização gramatical icônica.

Mais um exemplo de iconicidade é a proximidade linear entre as expressões linguísticas e o escopo da interpretação que dela fazemos. Essa proximidade pode representar uma relação entre as entidades ou os conceitos denotados numa frase. Vejamos o exemplo a seguir.

(6) O João disse que a Maria chegou ontem.

Repare como o sujeito de cada verbo aparece próximo a ele nas sequências lineares [O João disse] e [a Maria chegou]. Da mesma maneira, o advérbio [ontem] tem escopo sobre a oração subordinada [a Maria chegou] – e não sobre a oração matriz [O João disse]. Ou seja, o advérbio [ontem] **modifica** o verbo da oração em que está contido: *a Maria chegou ontem* e não *O João disse ontem*. Se quisermos que esse advérbio seja interpretado como modificador do verbo da oração matriz, [disse], precisamos movê-lo de sua posição original e alocá-lo justamente mais próximo do verbo dessa oração, como acontece em (7) a seguir, ou então podemos tentar marcá-lo prosodicamente, de modo a indicar que esse constituinte adverbial não pertence ao mesmo agrupamento sintático e prosódico da oração subordinada – em (8), tentamos mostrar esse efeito prosódico com recurso ao travessão. Ao ocupar outro nicho sintático ou ao ser marcado prosodicamente, o ADV [ontem] não pertencerá, portanto, ao mesmo agrupamento da oração subordinada, fato que o licenciará para atuar fora desse constituinte.

(7) O João disse *ontem* [que a Maria chegou].
(8) O João disse [que a Maria chegou] – *ontem*.

Um exemplo de iconicidade menos autoevidente é o uso da posição inicial ou da posição final de uma frase como espaço para codificar a saliência informacional e comunicativa do que se quer dizer num enunciado. A posição inicial de uma frase normalmente codifica o **tópico frasal**, ou seja, um tema, um assunto, uma informação velha ou compartilhada comunicativamente, como discutimos ao final do capítulo "Funções sintáticas". Por sua vez, a posição final da frase costuma ser destinada à veiculação da informação nova, isto é, ao **foco informacional** do que se diz. Veja os seguintes exemplos.

(9) A Maria tem dois irmãos, o Paulo e o João. Ela gosta muito do Paulo.
    a. $_{tópico}$[O João] ela não suporta.
    b. ?? Ela não suporta $_{tópico}$[o João].
(10) Como o João chegou em casa ontem?
    a. Ele chegou em casa $_{foco}$[cansado].
    b. ?? $_{foco}$[Cansado], ele chegou em casa.

Os pontos de interrogação à frente da frase marcam a estranheza do enunciado num dado contexto. Note que as frases em (b) são bem formadas gramaticalmente, mas soam estranhas no contexto dado. Isso acontece porque, em (9b), o tópico está na posição final da frase, um espaço sintático reservado a elementos focalizados. Já em (10b), o foco informacional aparece no começo da frase, uma posição, como vimos, em que se esperam elementos que funcionam como tópicos. Repare, nos contextos dos exemplos a seguir, como as frases em (b) soam agora bem mais naturais, ao passo em que as frases em (a) é que parecem anômalas.

(11) Qual de seus irmãos a Maria não suporta? O Paulo ou o João?
    a. ?? $_{foco}$[O João] ela não suporta.
    b. Ela não suporta $_{foco}$[o João].
(12) João saiu da aula muito cansado. E assim,
    a. ?? ele chegou em casa $_{tópico}$[cansado].
    b. $_{tópico}$[cansado], ele chegou em casa.

Como as respostas em (11) e (12) têm outra configuração discursiva – ainda que tenham a mesma estrutura sintática superficial que as respostas em (9) e (10), respectivamente –, o efeito de estranheza ou aceitabilidade em (a) e (b) foi invertido. Esse fenômeno evidencia o princípio da iconicidade porque, durante uma interação comunicativa, informações novas (foco) são normalmente apresentadas a partir de uma informação já compartilhada (tópico) – e não o contrário. É a organização sintática a serviço da organização informacional e comunicativa. Voltaremos a falar dessa organização frasal em tópico-foco mais adiante neste capítulo.

2.2 Funções comunicativas e sua expressão sintática

Nas décadas de 1980 e 1990, o linguista norte-americano Talmy Givón formulou a ideia de que a linguagem humana poderia ser caracterizada a partir de duas funções básicas: a **função representacional** e a **função comunicativa**. A primeira dessas funções diz respeito à possibilidade de representarmos pela linguagem a nossa percepção do mundo real. Em outras palavras, essa função linguística nos permite falar sobre o mundo em que vivemos, tal como ele é por nós percebido. Para Givón, tal função aparece codificada em diferentes propriedades sintáticas e morfológicas das línguas como, entre outras, (i) a expressão da relação entre ações, processos, estados e seus participantes, (ii) a contiguidade linear entre núcleos e seus argumentos, (iii) a expressão de funções semânticas dos participantes de uma ação ou de um processo (agente, paciente, tema, instrumento etc.) por meio de funções sintáticas mais ou menos correspondentes (sujeito, objeto direto, objeto indireto, adjunto etc.).

TALMY GIVÓN

Givón foi um dos fundadores da Linguística Funcional nos EUA. Ele fundamentou suas generalizações funcionalistas em pesquisas empíricas realizadas nas mais diversas famílias linguísticas do mundo (semíticas, africanas, ameríndias, austronésias, sino-tibetanas e indo-europeias). Ele é também um notável estudioso da gramaticalização em línguas pidgins e crioulas.

A segunda função mencionada por Givón diz respeito ao modo como falamos, isto é, à maneira pela qual codificamos informações linguísticas durante a comunicação. Givón (1995) distingue dois subtipos da função comunicativa: a **função interpessoal**, que se refere à codificação dos aspectos pertinentes à interação comunicativa, e a **função textual**, referente à organização do fluxo de informação linguística para o processamento cognitivo eficiente da comunicação.

A função interpessoal está relacionada a como interagimos com nosso interlocutor por meio da linguagem verbal. Essa função reflete-se, por exemplo, nos diferentes tipos gramaticais de orações (declarativas, interrogativas, imperativas, exclamativas), que produzem diferentes efeitos de **atos de fala** e seus respectivos modos de interação com o interlocutor. Givón chamou a atenção para o fato de a linguagem nos permitir a codificação de diferentes forças elocutivas em um dado enunciado, conforme vemos a seguir. Note que cada frase a seguir veicula um modo distinto de interação entre quem fala e o seu interlocutor.

(13) Está chovendo. Preciso de um guarda-chuva. **declaração**
(14) Está chovendo. Você pode me emprestar seu guarda-chuva? **pedido**
(15) Está chovendo. Me dá seu guarda-chuva. **ordem**

Um bom exemplo da função interpessoal da linguagem humana são os pronomes de tratamento. Esses itens lexicais não somente indicam as pessoas do discurso, mas também revelam o modo de participação de cada locutor numa dada interação comunicativa. Em português, por exemplo, o uso de diferentes formas de tratamento (*senhor*, *senhora*, *tu*, *você* e sua forma reduzida *cê*, por exemplo), ao lado de certas formas verbais (verbos flexionados no futuro do pretérito, por exemplo), marcam o *status* do interlocutor com relação ao falante. Esse *status* pode veicular respeito, formalidade, afastamento, igualdade, proximidade familiar, informalidade etc. Repare isso nos seguintes exemplos, que partem da expressão mais formal em (16) à menos formal em (19).

(16) *O senhor gostaria* de me entregar *seu* casaco?
(17) *Você* quer me entregar *seu* casaco?
(18) *Tu* quer me entregar *teu* casaco?
(19) *Cê* quer me entregar *teu* casaco?

Mais uma vez, percebemos que um princípio comunicativo está atuando diretamente em aspectos sintáticos de organização da informação na língua.

> **ATOS DE FALA**
>
> O filósofo da linguagem J. L. Austin (1911-1960) propôs a teoria dos atos de fala, continuada especialmente por seu aluno J. R. Searle. A ideia básica dos atos de fala é que, quando falamos, fazemos mais do que simplesmente expressar conteúdos proposicionais: nossos enunciados são também dotados de forças comunicativas.
>
> "Austin (1962) propõe que o ato comunicativo pode se apresentar em vários níveis, sendo os mais relevantes: o ato locutivo, o ato ilocutivo e o ato perlocutivo.
>
> - Ato locutivo: resume-se no ato de proferir uma sentença com certo significado e um conteúdo informacional, ou seja, o sentido restrito da sentença, a descrição dos estados de coisas.
> - Ato ilocutivo: é a intenção do proferimento do falante, ou seja, as ações que realizamos quando falamos: ordenamos, perguntamos, avisamos etc.
> - Ato perlocutivo: são os efeitos obtidos pelo ato ilocutivo, ou seja, o resultado que conseguimos com nosso ato de fala: assustamos, convencemos, desagradamos etc." (Cançado, 2012: 146)

Por seu turno, a função textual está relacionada à maneira como organizamos o discurso em um fluxo coerente. De um ponto de vista comunicativo, essa maneira deve ser a ótima, isto é, a melhor possível. Para Givón e outros funcionalistas norte-americanos, os princípios que regem a função textual não são arbitrários nem específicos da linguagem verbal. Pelo contrário, esses princípios seriam decorrentes de aspectos gerais da cognição humana, tal como a maneira como agrupamos e processamos informações de natureza não linguística. De fato, as línguas naturais dispõem de recursos para organizar a comunicação de forma a tornar salientes determinados "pedaços de informação". Por exemplo, o princípio de organização informacional determina, como já vimos, que elementos novos no discurso devem ocupar a posição final da frase, ao passo que elementos já conhecidos pelo interlocutor devem ocupar a posição inicial da frase. Vejamos a seguir mais um exemplo desse tipo de organização frasal.

(20) a. Quem você vai convidar para a festa?

b. $_{tópico}$[Eu vou convidar] $_{foco}$[o João, o Pedro e a Maria].

Compare (20), que se caracteriza com um diálogo "natural", a (21), em que a resposta em (b) nos causa estranhamento.

(21) a. Quem você vai convidar para a festa?
b. ??$_{foco}$[O João, o Pedro e a Maria] $_{tópico}$[eu vou convidar].

O estranhamento de (21b) decorre de aspectos relacionados à articulação informacional da frase – e não somente de questões puramente sintáticas associadas à ordem dos constituintes. Isso ficará mais evidente a partir da análise dos exemplos que se seguem.

(22) a. Quem te convidou para a festa?
b. Quem me convidou foi o irmão do João.
(23) a. Quem te convidou para a festa?
b. ? O irmão do João me convidou.

Nesses dois exemplos, ocorre o mesmo que se vê em (20) e (21), isto é, em (22) há uma resposta com a organização *tópico-foco* e, em (23), a resposta veicula a ordem *foco-tópico*. Repare como a resposta em (22b) soa bastante natural. Por contraste, (23b) nos causa certo estranhamento – a menos que usemos uma prosódia marcada para a frase, que confira ênfase acentual ao sujeito [o irmão do João] – algo do tipo *O IRMÃO DO JOÃO me convidou*. Tal sensação de estranheza acontece porque as posições entre tópico e foco foram invertidas nesse exemplo, fato que gera uma estrutura informacional inesperada, como também já havíamos examinado no início deste capítulo.

2.2 SINTAXE E OS SUBPRINCÍPIOS DA ICONICIDADE

Givón e outros funcionalistas tornaram mais explícitas as relações entre estruturas sintáticas e a iconicidade semiótica ao formularem três divisões para esse princípio funcional: os subprincípios da **quantidade**, da **integração** e da **ordem**.

De acordo com o subprincípio da quantidade, devemos entender que quanto maior for a quantidade de informação a ser veiculada, maior será a quantidade de estruturas linguísticas necessárias para estabelecer a comunicação. Um interessante desdobramento desse princípio pode ser percebido na relação entre a quantidade de material linguístico (morfemas e itens lexicais) e o distanciamento entre locutor e interlocutor, em termos de graus de formalidade, no seguinte sentido: quanto mais formal for a situação comunicativa em que estivermos engajados, mais material linguístico iremos usar para expressar, em uma frase (ou mais), aquilo que queremos comunicar. É algo que já pudemos antecipar nos exemplos (16) a (19). Veja, em seguida, que as frases (24) e (25) expressam o mesmo conteúdo proposicional (ou seja, têm basicamente o mesmo significado), porém a quantidade de estrutura formal (de itens lexicais) presente no primeiro exemplo é bem maior em relação ao segundo. Essa assimetria revela o nível de formalidade existente entre locutor e interlocutor em cada uma dessas situações comunicativas.

(24) O senhor poderia, por gentileza, me alcançar o jornal? **pedido formal**
(25) Cê me alcança o jornal? **pedido informal**

O subprincípio da integração, por sua vez, determina que quanto maior a integração cognitiva entre conteúdos, maior a integração das estruturas sintáticas que veiculam tais conteúdos. Um exemplo morfossintático desse princípio pode ser visto na concordância verbal variável, fenômeno ubíquo no português brasileiro. Nesse caso, a presença de material linguístico interveniente entre sujeito e verbo tornará a relação entre esses dois constituintes menos integrada cognitivamente, de modo que quanto mais elementos separarem o sujeito e o verbo, tanto menor será a chance de ocorrer concordância morfossintática entre esses dois elementos. Para ver um exemplo real desse fenômeno, tomemos o seguinte exemplo retirado de um *corpus*, apresentado por Costa (1995).

(26) Há pouco tempo atrás, *dois bárbaros assassinatos*, o da atriz Daniela Perez e o da menina que foi queimada pelos sequestradores, *ressuscitou* a polêmica da Pena de Morte. (*corpus* D&G/Natal, p. 321)

Vemos aqui que o sujeito [dois bárbaros assassinatos] é separado de seu respectivo predicado, [ressuscitou a polêmica da Pena de Morte], pelo longo aposto [o da atriz Daniela Perez e o da menina que foi queimada pelos sequestradores]. A presença desse material entre sujeito e verbo fez com que a concordância fosse enfraquecida, assim o número plural do sujeito não foi marcado também no verbo, que permaneceu no singular. Repare como esse efeito se desfaz se retirarmos o aposto interveniente entre sujeito e verbo.

(26')Há pouco tempo atrás, *dois bárbaros assassinatos ressuscitaram* a polêmica da Pena de Morte.

Finalmente, o subprincípio da ordem estipula que há uma tendência de a ordem sintática dos elementos na frase refletirem a ordem semântica dos acontecimentos no mundo – conforme já demonstramos anteriormente nos exemplos (4) e (5). A organização sintática, além de refletir o princípio da ordem semântica, guia-se também pelos princípios comunicativos de organização do fluxo informacional, como já vimos. É por essa razão que, numa frase como [o jogador chutou a bola], vemos convergir a iconicidade da cena no mundo e a ordenação semântica dessa estrutura sintática.

2.3 Marcação

Em Sintaxe Funcional, é importante fazer a distinção entre formas linguísticas **marcadas** e formas **não marcadas**. As formas não marcadas são as mais frequentes no uso da língua e as que envolvem menos material linguístico. Uma forma marcada, por sua vez, é aquela menos frequente e que demanda mais codificação linguística. Podemos ilustrar o princípio da marcação com a morfologia flexional de número e gênero em português. Com efeito, uma forma não marcada é um substantivo masculino no singular, como [presidente]. É essa a forma que consta, por exemplo, na entrada em qualquer dicionário de língua portuguesa. Em relação à forma não marcada, expressões como [presidentes], [presidenta] e [presidentas] serão interpretadas justamente como formas marcadas, já que expressam mais informações, a saber, gênero feminino e/ou número plural, e são menos frequentes no uso da língua.

Outro exemplo de estrutura marcada e não marcada em sintaxe pode ser observado na oposição entre frases na voz verbal ativa e na voz passiva. Uma frase ativa é considerada não marcada, isto é, mais frequente e com menos demanda de codificação linguística. Por outro lado, sua contraparte passiva é linguisticamente marcada, o que significa dizer que ela é menos frequente e envolve mais material linguístico. Veja, a seguir, um exemplo da assimetria entre as vozes verbais: enquanto temos 4 itens lexicais na frase expressa na voz ativa, sua passiva correspondente apresenta 6 itens.

    Corruptos depuseram o presidente.
       1   2   3   4
    O presidente foi deposto por corruptos.
    1   2   3   4   5   6

Note bem: uma abordagem funcionalista deve esperar que uma forma marcada tenha alguma boa motivação comunicativa para ser empregada no uso real da língua. Afinal, por que as pessoas escolheriam uma determinada forma, em detrimento de outra, para expressarem o conteúdo que desejam veicular? Devemos imaginar que exista alguma diferença no uso de cada uma dessas formas; senão, não haveria motivo para ambas existirem. Aqui, mais uma vez, estamos frente a um princípio caro aos funcionalistas: cada forma deve ter uma função no sistema linguístico. No caso das vozes verbais, uma passiva pode ser usada quando desejamos promover o objeto direto do verbo a uma posição de maior saliência discursiva, ao mesmo tempo em que demovemos o sujeito dessa saliência, por exemplo. Vejamos, no seguinte minidiálogo, como isso acontece.

(27) a. O que aconteceu?
     b'. O João matou o Paulo.
     b".? O Paulo foi morto pelo João.

Nesse exemplo, o falante A faz uma pergunta a B, sem demonstrar ter *a priori* nenhum conhecimento sobre o que tenha acontecido. A resposta mais natural de B parece ser (27b'), uma construção, como vimos, não marcada em português. Sem qualquer motivação aparente, a oração passiva em (27b") promove o paciente da ação [o Paulo] a uma posição de destaque da frase. Ora, a falta de contexto para (27b") é a causa do estranhamento do emprego de uma voz passiva como resposta para (27a).

Um efeito ainda mais estranho se verifica no próximo exemplo. Agora, A sabe que aconteceu algo envolvendo o João, mas não sabe exatamente o que aconteceu.

(28) a. O que aconteceu com o João?
  b'. Ele matou o Paulo.
  b". # O Paulo foi morto por ele.

A resposta em (28b") não é apenas estranha, mas, de fato, inaceitável no contexto – e, por isso, a marcamos com o sinal #. Ou seja, não há qualquer razão comunicativa para o emprego de uma forma sintática marcada nesse caso. O que vemos na resposta (28b") é, a bem da verdade, uma inversão do que esperaríamos encontrar em termos de organização informacional da frase. Repare que ali o foco aparece no início da frase e o tópico no fim, e o paciente aparece em primeiro plano (em **posição de figura**) e o agente em **posição de fundo**. Em contraste, a resposta (28b') é funcionalmente aceitável, justamente porque preserva os princípios comunicativos de organização sintática do fluxo informacional.

2.4 TEORIA SINTÁTICA E USOS LINGUÍSTICOS

Contemporaneamente, as propostas originais do funcionalismo linguístico evoluíram para um conjunto de princípios epistemológicos e metodológicos que tomam corpo nas chamadas abordagens baseadas no uso (cf. Martelotta, 2011). Tais abordagens unificam um grupo heterogêneo de pesquisadores das mais diferentes afiliações acadêmicas, como sociolinguistas, construcionistas, conexionistas, sociocognitivistas, certos psicolinguistas – além dos próprios sintaticistas funcionalistas.

Essencialmente, pesquisadores dessa nova abordagem funcional sustentam que a sintaxe de uma língua natural seja um fenômeno inextrincavelmente relacionado aos seus usos reais. Portanto, trata-se de um aprofundamento das premissas originais funcionalistas, de acordo com as quais as formas linguísticas decorrem de suas funções. A novidade dessa abordagem é a caracterização da sintaxe como um sistema emergente, dinâmico e flexível. Esse sistema se encontraria em reformulação constante em razão de diversas e complexas propriedades estruturantes que só tomam vida a cada uso específico que falantes de uma língua vão fazendo em sua vida cotidiana. Em especial, os novos funcionalistas assumem que tais propriedades espelham características genéricas da cognição humana e, por conseguinte, não podem ser interpretadas nos termos estritamente linguísticos da análise sintática – como supõem pesquisadores de outras correntes, como os gerativistas.

O objetivo mais ambicioso dos desdobramentos mais recentes das abordagens funcionalistas é desenvolver teorias e análises linguísticas que descrevam como as estruturas sintáticas das línguas refletem processos cognitivos gerais, como analogia, automatização, atenção e categorização. Esses processos, de acordo com os linguistas orientados pelo uso, são bem conhecidos nos estudos de outras funções cognitivas, como a memória, o raciocínio, a visão, o planejamento de ações, a conceitualização, entre outros. Logo, a agenda presente e futura dessa abordagem deverá concentrar-se na tarefa de desvendar como a sintaxe de uma língua, como o português ou qualquer outra, é, na verdade, um epifenômeno de uma pletora de fenômenos cognitivos e interacionais que tomam forma no uso e pelo uso linguístico.

3. ABORDAGEM EXPERIMENTAL

A abordagem da Sintaxe Experimental não se configura como uma teoria específica sobre a natureza da linguagem humana, por isso ela não deve ser compreendida como uma alternativa ao funcionalismo ou ao formalismo em Linguística. Com efeito, o recurso à experimentação constitui-se como uma **opção metodológica** de pesquisa que pode ser adotada por linguistas das mais diferentes correntes epistemológicas e ideológicas. Existem, inclusive, diversos trabalhos experimentais em desenvolvimento no Brasil e no restante do mundo que são dedicados a componentes linguísticos distintos da Sintaxe, nos campos da **Semântica Experimental** e da **Pragmática Experimental**, por exemplo. Nesse sentido, quais seriam as características que definem em especial a "Sintaxe" Experimental como abordagem metodológica? De que maneira tal abordagem pode ser adotada por um sintaticista nela interessado? Apresentaremos, ao longo desta parte final do livro, as respostas mais maduras de que hoje dispomos para questionamentos como esses.

Em essência, o que distingue a Sintaxe Experimental tanto de abordagens puramente teórico-abstratas quanto daquelas baseadas em dados extraídos de *corpora* constitutivos de "usos" da língua é a possibilidade de **formulação e testagem empírica de previsões comportamentais**. Isso quer dizer que essa abordagem é capaz de pôr à prova as predições de uso derivadas de algum modelo em Sintaxe – isto é, predições de dados de produção ou de compreensão linguística a serem ainda revelados pelos falantes.

> "Compreensão" é um termo abrangente utilizado na literatura experimental em linguagem para fazer referência não somente à interpretação semântica ou pragmática de um enunciado, mas também à percepção e à análise estrutural inconsciente de estruturas linguísticas.

Em termos abstratos, o que a Sintaxe Experimental se propõe a verificar são previsões formuladas mais ou menos da seguinte maneira: de acordo com tal teoria ou tal descrição sintática, dado comportamento linguístico deverá ser sistematicamente registrado sob tal circunstância. Vejamos mais na prática como isso se dá.

Toda e qualquer pesquisa experimental em Sintaxe deve eleger como objeto de estudo um fenômeno sintático que possa de ser mensurado comportamentalmente, seja pelo registro de tempo de reação, de índice de acertos numa tarefa, de emissão de julgamentos de gramaticalidade ou aceitabilidade, ou de qualquer outro tipo de medida objetivamente registrável. Essa é, na verdade, a única restrição imposta ao sintaticista interessado na área. Trata-se, na verdade, de uma limitação natural e necessária, pois um paradigma experimental em linguagem sempre produzirá dados empíricos de natureza comportamental, isto é, dados do desempenho linguístico de um falante obtidos numa situação laboratorial específica de compreensão ou de produção oral ou escrita (usamos aqui o termo "falante" de forma genérica e, assim, nos referimos a falantes, ouvintes, escritores, leitores e pessoas surdas).

> Alternativamente a dados comportamentais, abordagens de cunho neurolinguístico, como a eletroencefalografia e o imageamento cerebral, são capazes de produzir dados de natureza neurofisiológica.

Para assimilarmos melhor a lógica da experimentação em Sintaxe, pensemos no seguinte exemplo. Imagine uma teoria sintática de acordo com a qual estruturas com **preposição órfã**, como as que se apresentam em (29) e (30) a seguir, fazem parte da gramática da língua portuguesa. Essa teoria seria capaz de formular uma previsão comportamental bastante clara e direta: falantes nativos dessa língua julgarão, de modo sistemático, tal tipo de estrutura como aceitável e gramatical.

(29) Internet é uma coisa que não consigo viver *sem* hoje em dia.
(30) Não imagino o lugar que deixei meu celular *em* hoje de manhã.

Ora, a previsão de tal modelo poderia ser verificada por um paradigma experimental como o **juízo imediato de gramaticalidade**. Nesse caso, se, numa dada amostra populacional de falantes nativos do português, o percentual de julgamentos positivos a respeito de (29) e de (30) for significativamente superior ao seu total de julgamentos negativos, então essa medida comportamental poderá ser usada como evidência em favor das previsões do modelo teórico citado. Como você pode deduzir, a experimentação é um recurso importante para fazer avançar o conhecimento científico sobre a sintaxe das línguas naturais; afinal, modelos que geram previsões não confirmadas por experimentos podem ser abandonados em favor de outros que, sob evidência experimental, melhor expliquem o comportamento linguístico humano.

Por um lado, a principal diferença entre um experimento de juízo de gramaticalidade e os famosos **julgamentos intuitivos informais** utilizados por gerativistas clássicos é o maior poder científico dos dados obtidos experimentalmente. Afinal, como anotado por Wayne Cowart (1997), um dos estudiosos pioneiros em Sintaxe Experimental, julgamentos auferidos com amostras populacionais significativas, por meio de paradigmas rigorosamente controlados e submetidos a testes estatísticos confiáveis assentam-se sobre dados quantitativa e qualitativamente muito superiores aos da intuição de um linguista isolado em seu gabinete. De fato, em decorrência de inúmeros fatores alheios a um formalista mais radical, as intuições gramaticais de uma pessoa específica, num dado momento de reflexão metalinguística, podem não corresponder ao que de fato se passa com as estruturas sintáticas de uma língua no tempo real da produção e da compreensão linguística.

JULGAMENTOS INTUITIVOS

Já é tradição, entre os sintaticistas gerativistas, utilizarem julgamentos próprios (ou de pessoas próximas) para atestar ou não a boa formação de determinadas construções sintáticas. Ou seja, é uma praxe comum perguntarmos a nós mesmos se tal frase é boa, ruim ou aceitável. Para isso, consultamos nossa própria intuição gramatical, enquanto falantes nativos da língua. É o que viemos fazendo ao longo deste livro.

Apesar de a prática ser tacitamente aceita na comunidade acadêmica, há duras críticas contra ela, assim como várias alternativas propostas para substituir ou aperfeiçoar esse "método" (cf. Labov, 1987; Fillmore, 1992; Maia, 2012, 2015; e Guimarães, 2017 para discussão).

Por outro lado, comportamentos induzidos em situação laboratorial são ontologicamente diferentes de dados reais extraídos de *corpus*. Isso acontece porque experimentos restringem ao máximo as condições de produção e de compreensão de uma dada estrutura, de tal modo que se torna possível isolar os fatores gramaticais que concorrem para a existência (ou não) de um fenômeno sintático específico numa dada língua. Para entender isso, tomemos o seguinte exemplo. Dados de uso extraídos de jornais ou do Facebook poderiam atestar casos de preposição órfã em português, tais como os citados em (29) e (30). No entanto, esses "usos" específicos quase nada poderiam dizer sobre o *status* gramatical das preposições órfãs em nossa língua. A limitada capacidade de generalização dos chamados "usos reais" decorre do fato de que dados anotados em *corpora* são gerados pela confluência de uma miríade de fatores linguísticos e comunicativos que não estão sob o controle do sintaticista. Assim sendo, esse estudioso nunca saberia, a respeito do exemplo dado, se tais ocorrências resultaram da influência de uma língua estrangeira sobre um falante específico, ou se se trata de dados produzidos de maneira assistemática por falantes diferentes em situações distintas, ou se há variabilidade na aceitação da estrutura de acordo com cada preposição da língua, ou se o fenômeno é mais ou menos produtivo em determinado gênero do discurso, entre diversas outras dúvidas. Com tudo isso, o que queremos dizer é que, diante das práticas metodológicas de formalistas e de funcionalistas típicos, a Sintaxe Experimental configura-se, pois, como uma ferramenta capaz de superar tanto as limitações das intuições assistemáticas de um indivíduo isolado como também a indeterminação das causas dos usos registrados em *corpora*.

A bem da verdade, uma pesquisa experimental em Sintaxe não se limita à mera captura de julgamentos de gramaticalidade acerca de uma estrutura linguística isolada. De maneira nenhuma! Com efeito, entre outras aplicações, o recurso à experimentação se presta sobretudo ao cotejo de diferentes teorias sintáticas que fazem generalizações discrepantes sobre um fenômeno linguístico específico ou sobre a tipologia geral de uma língua. Na vida de estudantes e de pesquisadores de pós-graduação, não raramente encontramos, em revistas especializadas, em dissertações de mestrado e em teses de doutorado, propostas descritivas diferentes ou francamente opostas na interpretação de certos fenômenos sintáticos. Pois bem, é justamente em casos como esses que a experimentação se qualifica como um recurso capaz de testar as previsões de cada uma das propostas alternativas, de modo a verificar em favor de qual delas os dados obtidos em situação experimental se encaminham. Para elencarmos alguns exemplos concretos a esse respeito, pense em como a Sintaxe Experimental poderia ser uma opção metodológica importante no esforço científico de responder perguntas como as que se seguem.

- Qual é a condição tipológica da topicalização no português do Brasil, trata-se de uma língua orientada para a sentença ou para o discurso?
- Qual é a natureza do elemento [que] introdutor de orações relativas em português, é ele um pronome ou um complementador?
- Orações adverbias são um caso de hipotaxe ou de subordinação?

Diferentes respostas a cada um desses questionamentos poderão derivar distintas previsões comportamentais. Caberia, portanto, a um sintaticista experimental formular tais previsões e compor um **desenho experimental** apto a testá-las. Como se elabora um desenho experimental? Veremos isso nas seções a seguir.

3.1 Métodos off-line e métodos on-line

Existem dois tipos de medidas que definem dois grandes grupos de técnicas experimentais em Sintaxe: **medidas on-line** e **medidas off-line**.

As medidas on-line são aferidas durante o curso do processamento cognitivo que uma pessoa realiza inconscientemente enquanto recebe um estímulo linguístico oral ou escrito – ou gestual, no caso de línguas de sinais. Medidas on-line envolvem o registro de tempos muito rápidos e são gravados, por um computador, em milésimos de segundo. Essas medidas envolvem também a mensuração de algum comportamento automático, como a movimentação dos olhos durante o exercício da leitura. Experimentos que recolham medidas on-line precisam ser necessariamente programados e aplicados em equipamentos especializados, como softwares desenvolvidos para a realização de tarefas experimentais e hardwares projetados para monitorar os movimentos oculares humanos. Equipamentos dessa natureza são capazes de registrar dados comportamentais muito precisos e finos.

As técnicas experimentais on-line mais produtivas na pesquisa em Sintaxe na Linguística brasileira são o **monitoramento ocular**, a **leitura segmentada autocadenciada** (também chamada **leitura automonitorada**) e a **audição segmentada autocadenciada**; veremos exemplos de experimentos com esses métodos a seguir. Dados obtidos por meio de técnicas on-line como essas refletem mais diretamente o funcionamento natural de uma língua, já que envolvem a medição de comportamentos automatizados independentes da inspeção consciente e da reflexão metalinguística dos participantes de um experimento.

Um exemplo interessante do emprego de monitoramento ocular numa pesquisa em Sintaxe Experimental é o estudo de Maia (2015).

Esse pesquisador utilizou um rastreador ocular para registrar os movimentos e as fixações dos olhos dos participantes durante uma atividade de leitura de frases que envolviam o fenômeno da "lacuna preenchida" (veja os exemplos (31) e (32) a seguir; se precisar, volte à discussão sobre lacunas no capítulo anterior). No caso, falantes nativos do português, todos estudantes de nível superior, liam frases num computador a fim de responder perguntas interpretativas de cunho geral, enquanto o rastreador ocular discretamente gravava os movimentos oculares (ou "sacadas") de cada indivíduo, de um ponto da frase para outro, bem como as fixações do olhar em locais específicos do período. Em um terço dos estímulos lidos pelos participantes, uma frase apresentava uma lacuna vazia, como ilustrado em (31), ou uma lacuna preenchida, como em (32) – note que a posição da lacuna, em ambos os casos, é indicada aqui pelo sublinhado, mas essa marcação não acontecia nas frases do experimento original.

(31) Que livro o professor escreveu ____ sem ler a tese antes?
(32) Que livro o professor escreveu a tese sem ler antes?

Maia (2015), com base em sua teoria sintática sobre lacunas, formulou a previsão comportamental de que, em comparação a (31), frases do tipo (32) registrariam maior fixação do olhar na região imediatamente após o verbo (*escreveu*), pois isso indicaria uma quebra de expectativa da estrutura sintática aguardada tacitamente pelo falante – leia a frase em (31) com atenção e perceba como tendemos a interpretar [que livro] como objeto do verbo [escreveu]. Tal efeito "surpresa" em frases com a lacuna preenchida, como (32), seria desencadeado porque, nesse tipo de frase, há um constituinte no lugar da lacuna que, a princípio, deveria estar vazia e, assim, disponível para associação anafórica ao sintagma [que livro], posicionado no início da frase. Perceba que tal efeito "surpresa" seria anotado, pelo rastreador, na forma de maiores fixações oculares na região surpreendente, sem que o participante da tarefa sequer tomasse consciência do fenômeno; afinal, trata-se de uma metodologia on-line.

> **PROGRAMAR E "RODAR" EXPERIMENTOS**
>
> Linguistas e estudantes interessados em pesquisa experimental têm à sua disposição grande variedade de softwares desenhados especificamente para programar e aplicar experimentos. Entre os programas gratuitos, o PsychoPy é um dos mais utilizados no meio acadêmico para pesquisas on-line e off-line. Trata-se de um software aberto, escrito em linguagem Python, compatível com sistemas operacionais diversos (Windows, Linux e Mac os). Também o Google Forms, o Typeform e o EdPuzzle são boas ferramentas gratuitas disponíveis na internet, especialmente úteis para pesquisas de questionários, entre outras medidas off-line. Por sua vez, o Paradigm é um dos melhores programas pagos do mercado, em função de seu sistema desenhado para Windows, de uso fácil e intuitivo. Esse software permite aplicação de experimentos em tablets e smartphones, além de computadores de mesa ou laptops. Estudantes conseguem comprá-lo pela internet com descontos especiais.

Os resultados reportados em Maia (2015) confirmaram suas previsões e, assim, serviram de sustentação empírica para seu modelo sintático. Na figura a seguir, podemos ver um exemplo do mapa de calor gerado pelo rastreador utilizado pelo pesquisador. As regiões mais escuras, ao centro da figura na segunda frase, indicam maior fixação do olhar exatamente na posição pós-verbal, na qual ocorre uma lacuna preenchida. Por oposição, na primeira frase, na mesma posição após o verbo, as cores do mapa são bem mais claras, fato de que indica pouca fixação de olhar nessa região. Tal diferença teria ocorrido, segundo Maia, porque, nesse caso, o falante confirmou sua expectativa estrutural ao encontrar uma lacuna sintática realmente vazia.

Figura 1 – Maia (2015), imagem com autorização do autor.

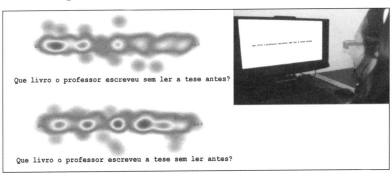

A leitura segmentada autocadenciada é outra técnica experimental on-line útil – e muito mais barata se comparada ao monitoramento ocular. Nesse paradigma, o participante do experimento deve ler frases na tela de um computador com objetivo de responder perguntas de cunho interpretativo genérico, ou seja, perguntas não relacionadas ao objeto tácito da pesquisa em questão. Ocorre que essa leitura é realizada em partes, isto é, em segmentos, constituintes menores do que a frase como um todo: palavra por palavra ou sintagma por sintagma, conforme a conveniência do pesquisador. Enquanto lê os segmentos de cada frase, o participante manipula uma caixa de respostas. Essa é uma espécie de *joystick* no qual o acionamento de um botão específico dispara a passagem de um segmento a outro, enquanto outros botões dispararão a resposta *sim* ou *não* diante de perguntas interpretativas. A seguir, ilustramos uma tela desse tipo de experimento em plena execução. Nesse caso, note que o participante se encontra no segundo segmento da frase, já tendo concluído a leitura do primeiro e prestes a disparar a leitura do terceiro item. Perceba, com o auxílio dessa imagem, que, nesse paradigma de leitura, os segmentos já lidos e os ainda a ler ficam ocultos na tela do computador pelas linhas pontilhadas. Assim que o participante, em sua velocidade natural de leitura, passa de um segmento ao outro, conforme pressiona o botão adequado para isso, o segmento imediatamente posterior àquele que acabou de ser lido revela-se sobre seu pontilhado e, ao mesmo tempo, o segmento anterior volta a ocultar-se na forma de pontos.

Figura 2 – Um experimento de leitura de frase em leitura segmentada autocadenciada em execução.

Nesse tipo de experimento, o tempo consumido durante a leitura de cada segmento é registrado pelo computador, enquanto um participante realiza a leitura de cada frase. Como se trata de uma leitura autocadenciada, isto é, como é o próprio participante que determina o tempo necessário para a conclusão da leitura de cada segmento, tempos maiores despendidos em um segmento específico, comparativamente a outros, serão tomados como evidência comportamental de maior dificuldade na computação sintática necessária para a leitura desse segmento em particular, em relação a outro em que tal lentidão não se registre. Foi essa lógica experimental que Kenedy (2011) explorou ao comparar a integração, com um SV predicado, de SN em posição de sujeito, como em (33) a seguir, e de SN em posição de tópico, como em (34). O autor tinha a intenção de verificar se sujeitos e tópicos representariam custos sintáticos diferentes em sua integração com um SV. A medição do tempo dessa integração sintática foi feita no segundo segmento ilustrado a seguir. Você deve perceber que ambas as frases possuem três segmentos, cada qual separado do outro, nessa representação, mas não no experimento original, por barras inclinadas. Será que as duas palavras do segundo segmento seriam lidas com velocidades diferentes a depender da categoria sintática do primeiro segmento?

(33) Essa janela / fica aberta / no verão.   **sujeito-predicado**
(34) Essa janela / venta muito / no verão. **tópico-comentário**

De acordou com sua teoria sintática sobre a condição tipológica de sujeitos e de tópicos no português do Brasil, Kenedy formulou a previsão comportamental de que o segundo segmento em frases como (33) seria lido em tempos significativamente inferiores à média de leitura desse mesmo segmento em frases do tipo (34). Por certo, suas previsões foram confirmadas. SVs antecedidos de SN em posição de sujeito foram lidos em média a 475 milésimos de segundo mais rapidamente do que SVs pospostos a SN em tópico, uma diferença que (apesar de aparentemente pequena) foi atestada como significativa em termos estatísticos. Na posse desses dados, o autor acreditou ter reunido evidência empírica em favor da hipótese segundo a qual o português brasileiro seja uma língua com proeminência de sujeitos seguidos de predicados, e não de tópicos seguidos de comentários, ao contrário do que sustentam outros modelos de descrição da língua.

A audição segmentada autocadenciada é idêntica ao paradigma da leitura segmentada. A diferença entre ambas as técnicas reside, obviamente, no fato de, nesse caso, os estímulos serem apresentados aos participantes em segmentos orais. Na ilustração seguinte, vemos uma participante que ouve frases segmentadas num fone de ouvido enquanto segura uma caixa de resposta. A cada segmento ouvido, ela pressiona um botão nessa caixa de modo a disparar o áudio do segmento seguinte.

Figura 3 – Participante executa audição de frase segmentada autocadenciada. Retirado de Kenedy (2013), imagem com permissão do autor.

Em 2014, Kenedy realizou uma versão oral do experimento com estímulos escritos apresentado anteriormente. Dessa vez, os participantes ouviam cada um dos três segmentos das frases em (33) e (34) com as características prosódicas que poderiam favorecer, de um lado, a integração entre um SN sujeito e o seu predicado e, de outro, a integração de um SN tópico a seu respectivo comentário. Os resultados do experimento de audição indicaram que SNs tópicos são integrados a um comentário tão prontamente quanto os SNs sujeitos se integram a seu predicado, desde que haja, nos estímulos, pistas melódicas que indiquem quando um SN se encontra em posição sintática topicalizada. Para Kenedy (2014), essa restrição prosódica imposta exclusivamente à computação sintática de constituintes topicalizados seria um indicativo da condição de fenômeno marcado que a topicalização possui em português. Segundo o autor, os resultados de ambos os paradigmas on-line confirmavam as previsões derivadas de seu modelo sobre topicalização em línguas naturais.

Por oposição aos dados on-line, medidas off-line são aquelas aferidas após a conclusão do processamento cognitivo da informação linguística e, por conseguinte, envolvem reflexões mais conscientes e deliberadas por parte daqueles que participam de uma tarefa experimental. Esse tipo de experimentação não impõe a necessidade de software ou hardware especializados, embora preferencialmente seja realizado em equipamentos simples, como programas experimentais gratuitos e computadores com caixa de resposta, que permitem, inclusive, a medição do tempo consumido durante a realização de uma tarefa off-line. Com efeito, alguns experimentos linguísticos off-line podem ser realizados até mesmo por meio de um formulário impresso, a ser respondido com uma caneta, como o julgamento de aceitabilidade de frases ou a produção induzida (num preenchimento de questionário), ou por meio de gravações de áudio ou vídeo com equipamentos amadores comuns.

As técnicas experimentais off-line são inúmeras e podem, inclusive, ser inventadas ou adaptadas conforme a criatividade e a necessidade do pesquisador. Não obstante, as mais utilizadas em pesquisas empíricas aqui no Brasil são o já citado juízo imediato de gramaticalidade ou aceitabilidade, a produção induzida de fala ou de escrita, o reconhecimento de palavras, as respostas a perguntas interpretativas e a testagem do efeito de *priming* (que encontramos, entre outras condições, quando um estímulo sugestiona o falante a produzir outro semelhante; por exemplo, expomos nosso informante a uma série de frases na voz passiva, depois perguntamos algo a ele para verificar se ele responderá utilizando uma estrutura passiva, por influência do *input* que recebeu).

Em função de sua natureza mais consciente ou mesmo metalinguística, dados off-line apenas indiretamente refletem a realidade mais natural e espontânea no uso das estruturas sintáticas da língua, uma vez que, em situações mais reflexivas e deliberadas, diversos domínios linguísticos e diferentes domínios não linguísticos interagem em tempo real durante a produção ou a compreensão de sintagmas e frases. Neste livro, não dispomos de espaço suficiente para ilustrar cada um desses paradigmas. No entanto, nas seções que se seguem, enquanto apresentamos as propriedades fundamentais de um desenho experimental, teremos a oportunidade de ilustrar conceitos e técnicas com base em alguns projetos off-line.

3.2 Tarefa experimental

Um experimento linguístico utiliza, no caso típico, participantes ingênuos (*naïve*), ou seja, pessoas que não sejam especialistas em Linguística ou estudiosos de Gramática. Por essa razão, a tarefa experimental de uma pesquisa deve ser sempre clara, simples e objetiva – livre, inclusive, de utilização de metalinguagem, na medida do possível. Em experimentos on-line, as tarefas experimentais mais comuns são, como vimos, (1) ler ou ouvir uma frase apresentada em segmentos num computador, enquanto um software registra o tempo que é consumido na leitura ou na audição de cada segmento, (2) ler com naturalidade palavras ou frases numa tela de computador, enquanto um equipamento monitora o comportamento ocular inconscientemente produzido ao longo da leitura.

Já em experimentos off-line, por outro lado, as tarefas mais típicas são (1) julgar frases binariamente (declarando-as aceitáveis *versus* inaceitáveis), (2) julgar frases por meio de escalas de aceitabilidade (atribuindo-lhes uma nota, por exemplo de 0 a 4, conforme se ilustra na Figura 4), (3) preencher formulários dando continuidade a uma frase oral ou escrita (como se vê na Figura 5), (4) declarar o reconhecimento ou a familiaridade com uma palavra ou um expressão apresentada por escrito ou oralmente, (5) responder a questionários variados, (6) declarar o reconhecimento ou a familiaridade com um determinado estímulo após a apresentação de outro (*priming*).

Figura 4 – Exemplo de julgamento de aceitabilidade em escala. O participante lê a frase ao topo da tela e confere-lhe uma das quatros notas da lista conforme sua intuição sintática tácita.

Internet é mesmo algo que todo mundo precisa de atualmente.

(0) completamente inaceitável

(1) pouco aceitável

(2) provoca dúvida

(3) bastante aceitável

(4) perfeitamente aceitável

Figura 5 – Exemplo de preenchimento de um formulário. Aqui, os pesquisadores (Haag e Othero, 2003) investigaram como os informantes tendiam a fazer a correferência pronominal numa frase escrita.

---
1. Os políticos adoram os carros importados, porque eles _____.
2. A minha amiga acha que foi bem na prova, especialmente porque ela _____.
3. O gato é o único animal de que meu pai não gosta, afinal ele _____.
4. Meu tio tem alergia ao meu cachorro. Acho que é porque ele _____.
5. Aquela tarefa estava muito difícil, e minha irmã quase não conseguiu completá-la. No entanto, ela _____.

Em resumo, ao delinear uma pesquisa, o sintaticista experimental deverá formular previsões comportamentais com base no tipo de tarefa a que os participantes de seu experimento serão submetidos. Por hipótese, as respostas obtidas durante o experimento não ocorrerão de maneira aleatória. Antes, elas decorrerão das **variáveis experimentais** controladas no experimento.

3.3 Controle de variáveis

Definir variáveis é uma das etapas mais importantes no delineamento de um projeto experimental em Sintaxe ou em qualquer outro nível da descrição gramatical. Por um lado, o estudioso deverá delimitar os fenômenos que, de acordo com sua hipótese de trabalho, são capazes de provocar certo comportamento a ser registrado durante a execução de uma tarefa. Por outro lado, ele também deve estabelecer que tipo de métrica registrará esse comportamento.

Os fenômenos selecionados como possíveis causadores do comportamento são denominados **variáveis independentes**, enquanto as medidas aferidas numa tarefa denominam-se **variáveis dependentes**. Variáveis independentes são também denominadas **variáveis controladas**, enquanto variáveis dependentes também são chamadas de **variáveis de resposta** ou **medidas dependentes**. Por exemplo, numa pesquisa sobre, digamos, concordância verbal, um pesquisador poderia definir a posição do sujeito relativamente ao verbo (se anteposto ou posposto) como uma variável independente capaz de desencadear, como variável dependente, maior ou menor índice de estabelecimento da concordância numa tarefa de produção de fala induzida.

Figura 6 – As variáveis de uma pesquisa experimental.

Num dado experimento, pode haver mais de uma variável independente e/ou mais de uma variável dependente, a critério das hipóteses e das previsões da pesquisa específica. O importante é que todas essas variáveis sejam definidas com a maior clareza e, mais do que isso, é fundamental que haja o máximo controle sobre outras variáveis que podem igualmente provocar ou influenciar determinado comportamento. Continuando com o exemplo de uma pesquisa sobre concordância verbal, existem muitos fatores que podem influenciar o estabelecimento ou não da concordância, tais como natureza do verbo (se regular ou irregular, de qual conjugação, 1ª, 2ª ou 3ª), a posição do sujeito em relação ao verbo (se anteposto ou posposto), o número e o tipo de itens lexicais intervenientes entre sujeito e verbo, a distinção morfofonológica entre formas do singular e do plural, a frequência e a familiaridade de verbos específicos, o grau de instrução e letramento dos participantes da tarefa etc. Portanto, numa pesquisa sobre concordância, o estudioso não poderá deixar de controlar tais variáveis, do contrário as chamadas **variáveis de confusão** – isto é, aquelas que não foram controladas pelo pesquisador – podem influenciar o comportamento registrado no experimento e, assim, enfraquecer ou anular o poder explicativo atribuído às variáveis independentes.

3.4 Condições experimentais e desenho fatorial

Nos estímulos a serem apresentados aos participantes de uma tarefa experimental, as variáveis independentes são concretizadas em formas linguísticas específicas, que realizam as **condições experimentais** da pesquisa. Por exemplo, em nosso hipotético estudo sobre concordância verbal, se a seleção da posição relativa entre o sujeito e o verbo for eleita como uma variável independente, então essa variável será concretizada em dois níveis que, no caso de um experimento com uma única variável independente, serão também as duas condições experimentais: (1) estímulos em que o sujeito antecede o verbo e (2) estímulos em que o sujeito sucede o verbo.

Nos experimentos que possuem mais de uma variável independente, as condições experimentais são concretizadas a partir da multiplicação entre os níveis de cada variável selecionada. Imagine-se, por exemplo, que, no citado experimento sobre concordância verbal, o traço de animacidade do sujeito também fosse selecionado como uma variável independente, juntamente com a posição do sujeito. Nesse caso, o respectivo experimento possuiria quatro condições experimentais, resultantes da multiplicação entre os dois níveis de cada uma das duas variáveis independentes escolhidas: (1) anteposição ao verbo + sujeito animado, (2) anteposição ao verbo + sujeito inanimado, (3) posposição ao verbo + sujeito animado e (4) posposição ao verbo + sujeito inanimado.

Figura 7 – Ilustração de um experimento 2x2 sobre concordância verbal.

Exemplo

Experimento *off-line* = preenchimento de formulário.

Tarefa = preencher lacunas com verbo flexionado ou não (3ª p. sing/plural)

Variáveis independentes = posição do verbo, animacidade do sujeito.

Níveis da VI = {posição: SV, VS}, {animacidade: + animado, - animado}

Condições = {SV, + an}, {SV – an}, {VS + an}, {VS – an}.

Variável dependente = índice de concordância.

Nesse exemplo, teríamos um experimento com o **desenho fatorial** 2x2, no qual há duas **VI**, isto é, duas variáveis independentes (primeira variável *vezes* segunda variável), cada qual com dois níveis, que combinados geram quatro condições experimentais (dois níveis da primeira variável *vezes* dois níveis da segunda variável). Em sua execução prática junto aos participantes, um experimento como esse poderia ser conduzido, por exemplo, através de uma tarefa de preenchimento de espaços em branco, mais ou menos como ilustramos a seguir.

(i) Condição {SV +an}
Os funcionários _____ na hora do início do experimento. (verbo *chegar*)

(ii) Condição {VS +an}
_____ os funcionários recém-contratados pela empresa. (verbo *chegar*)

(iii) Condição {SV -an}
Os produtos _____ já no primeiro dia de venda. (verbo *acabaram*)

(iv) Condição {VS -an}
_____ os produtos à venda na promoção. (verbo *acabar*)

Se, nesse experimento, fosse incluída uma terceira variável independente, digamos, a conjugação verbal, com três níveis (1ª, 2ª e 3ª conjugações), então o desenho do experimento passaria a ser 2x2x3, o que daria à luz doze condições experimentais.

Ao delinear seus experimentos, um pesquisador em Sintaxe deverá, portanto, definir seu desenho fatorial, determinando quais são as condições experimentais de sua pesquisa. Recomenda-se fortemente que os experimentos contenham um número reduzido de condições, para que, por um lado, se evite a fadiga do participante durante a execução da tarefa e, por outro, para que se diminua a possibilidade de reconhecimento explícito ou tácito do propósito da tarefa experimental. Sendo assim, um desenho 2x2x3 pode não ser aconselhável, a depender da distribuição dos estímulos por participante, conforme veremos a seguir na seção "Seleção de participantes e sua distribuição na tarefa".

3.5 Estímulos linguísticos

As condições experimentais assumem, na prática de uma tarefa, alguma forma linguística concreta e específica. No caso da Sintaxe Experimental, essa forma será um constituinte como um sintagma, uma oração ou uma sentença. Tais formas são denominadas **estímulos experimentais**.

A tradição das pesquisas com experimentos estabelece que cada condição experimental deve ser apresentada aos participantes de uma tarefa pelo menos quatro vezes, na forma de quatro estímulos verbais distintos, de modo que um padrão de reação a tal condição, se houver, possa ser detectado. Ora, se um estímulo fosse apresentado ao participante uma única vez, não seria possível saber se o respectivo comportamento provocado ocorreu de maneira sistemática ou se se deveu a um evento único e aleatório, daí a necessidade da apresentação de, no mínimo, quatro exposições de uma dada condição experimental a cada sujeito específico.

Na elaboração de estímulos, o pesquisador deve aplicar o máximo de esmero. Deve controlar, entre outros fatores, a extensão dos estímulos de cada condição, em número de sílabas ou palavras, bem como a frequência e a familiaridade dos itens lexicais utilizados. Esse controle visa à tentativa de evitar que fatores outros (variáveis de confusão), diferentes da variável independente, possam afetar o desempenho dos participantes da tarefa – por exemplo, o tempo de reação a um determinado estímulo em, digamos, duas condições experimentais deve variar em função da variável independente selecionada na pesquisa, e não porque os estímulos de uma condição possuem muito mais palavras do que o da outra condição e, assim, obviamente demandam mais tempo de reação; ou, ainda, a sensação de estranhamento a um estímulo deve decorrer da variável controlada pelo pesquisador e não da presença de uma palavra pouco frequente ou ambígua que acaba interferindo no julgamento.

Além do cuidado necessário na equivalência entre os estímulos de cada condição, o pesquisador também deve empregar, em qualquer experimento, **estímulos distrativos**, também denominados como **distratores**. Tais estímulos não devem possuir nenhuma relação com as variáveis independentes de pesquisa e cumprem apenas a função de evitar que o participante reconheça (explicitamente ou não) o tipo de estrutura linguística que está sendo apresentada nos estímulos das condições experimentais. Por convenção, os estímulos distrativos de um experimento devem perfazer pelo menos dois terços do número total de estímulos da tarefa. Sendo assim, em um experimento com apenas uma variável independente e duas condições experimentais, cada participante será exposto a, pelo menos, 8 estímulos experimentais e 16 estímulos distrativos.

Figura 8 – Exemplo de Abraçado (2015). Tarefa off-line de escolha de opções de classificação (colunas à direita). Repare que somente as frases que seguem setas interessavam à pesquisadora. As demais constituíam distratores distribuídos aleatoriamente entre os estímulos experimentais.

FRASES	TOTALMENTE AFETADO	NÃO FOI AFETADO	MODERADAMENTE AFETADO
➡ Ataques matam o homem que gritava em meio a manifestações na Síria.			
➡ Dilma sanciona a Comissão da Verdade.			
Lupi vai devolver diárias de viagem.			
Em São Paulo, projeto ambiental ajuda a preservar palmeiras.			
Rocinha faz ação contra a dengue.			
Ministro não quis comentar denúncias.			
Agência retira aprovação de remédio contra o câncer de mama.			
Juíza manda afastar presidente do Metrô de SP.			
Durante ocupação na Rocinha, a polícia prendeu quatro pessoas.			
➡ Na tarde de ontem, agentes Bope apreenderam dois mísseis e duas bazucas.			
Grupo faz ato após óleo vazar no mar do RJ.			

Por fim, um experimento pode conter também **estímulos de controle** cuja função é permitir o cotejo entre uma condição em que determinado fenômeno está presente com outra (de controle) em que ele é ausente. Por exemplo, numa pesquisa sobre ambiguidade sintática, o desempenho dos participantes diante de estímulos ambíguos deve ser comparado com o que se passa com estímulos de controle não ambíguos, o que permitirá a identificação de eventuais reações específicas na condição com ambiguidade. Vemos isso ilustrado a seguir.

(35) Um paciente entrou na sala *de muletas*. (ambiguidade livre)
(36) O policial viu o suspeito *com um binóculo*. (ambiguidade enviesada)
(37) O pivete bateu na velhinha *com a bengala*. (ambiguidade enviesada)
(38) O casal se deslocou para o trabalho *de transporte público*. (controle)

Nos exemplos (35) a (37), podemos notar que ocorre uma ambiguidade na aposição de um SP, ou seja, esse sintagma pode ser adjungido a mais de um constituinte sintático em cada sentença. Em (35), não nos sentimos propensos a escolher nenhuma das duas resoluções da ambiguidade, isto é, não preferimos interpretar que [de muletas] seja um modificador adnominal de [sala] ou um predicativo do sujeito. Será que você tem a mesma impressão? Já em (36), é provável que você prefira interpretar que [um binóculo] seja um adjunto adverbial que caracteriza uma circunstância conferida ao predicado [viu o suspeito] e não uma modificação nominal do próprio [suspeito], que então possuiria consigo um binóculo. Se você possui uma preferência de interpretação como essa (ou outra), então esse seria o caso de uma ambiguidade enviesada. O mesmo acontece no exemplo (37), em que consideramos mais provável que o SP [com a bengala] represente, como ajunto adnominal, o instrumento usado pela velhinha. Você concorda com a nossa impressão? Por contraste, (38) não apresenta ambiguidade na aposição do constituinte [de transporte público]. Trata-se, portanto, de um estímulo de controle. Esse controle serviria, num experimento de leitura de frases, como *baseline*, isto é, como uma **medida basal**, de tal forma que o tempo de reação a SPs ambíguos com diferentes enviesamentos possam ser cotejados ao tempo de leitura de SP não ambíguos, a fim de que eventuais preferências estruturais na percepção de ambiguidades sintáticas sejam identificadas. Afinal, como seria a leitura de SPs ambíguos como (35), (36) e (37)? Seriam diferentes ou semelhantes ao tempo consumido na reação de SPs não ambíguos como em (38). E, sim: se você não concorda nossas intuições sobre o enviesamento na interpretação desses exemplos, só mesmo o recurso à experimentação poderia nos dar bases mais sólidas para discutir objetivamente o assunto.

Estímulos experimentais e distrativos (também os de controle, se houver) devem ser apresentados ao participante de maneira **randomizada**, isto é, aleatória, sem qualquer padrão de sequência linear. Softwares especializados em experimentos já produzem randomização de estímulos de maneira automática. No caso de pesquisas mais simples, com formulário de papel a ser preenchido a caneta, é o próprio pesquisador que deve sortear aleatoriamente a ordem de apresentação dos estímulos, embaralhando os dois terços de distrativos ao terço final de estímulos experimentais.

3.6 Seleção de participantes e sua distribuição na tarefa

Os participantes de um determinado experimento podem, na verdade, constituir uma variável independente. Ou seja, se o pesquisador assumir que o comportamento a ser registrado numa tarefa pode variar de acordo com o tipo de participante – por exemplo, bilíngues *versus* monolíngues, com patologia *versus* sem patologia, estudantes de L2 fluentes *versus* não fluentes, pessoas com nível superior *versus* pessoas analfabetas etc. Nesse caso, o experimento possuirá uma **variável grupal**, também chamada de **fator grupal**. Se não for esse o caso, o linguista deverá apenas determinar o perfil sociocultural das pessoas que podem participar da tarefa – fatores como idade, sexo, escolaridade, região e outros que se mostrem relevantes – e deverá também estabelecer como se dá a distribuição das condições experimentais pelos participantes.

Na **distribuição dos participantes**, existem duas possibilidades a serem adotadas. Na primeira delas, todos os participantes são expostos a todas as condições experimentais. Essa distribuição denomina-se **dentre participantes** (*within-subjects*, em inglês) ou **intraparticipantes**. Na outra, cada participante é exposto a uma e somente uma condição experimental. Nesse caso, haveria um grupo de participantes separado para cada condição do experimento, razão pela qual tal distribuição denomina-se **entre participantes** (*between subjects*, em inglês) ou **interparticipantes**.

A distribuição dentre participantes tem a vantagem de exigir um número menor de indivíduos desempenhando as tarefas do experimento, já que todos são utilizados em todas as condições. Porém, essa opção tem a desvantagem de facilitar o efeito de familiaridade (isto é, o aprendizado da tarefa durante a realização do experimento) e a identificação explícita ou não de padrões nos estímulos, considerando-se que uma mesma pessoa é estimulada por todas as condições experimentais pelo menos quatro vezes em cada. Com a distribuição entre participantes, as chances de ocorrer o efeito de familiaridade são menores, mas para isso é demandado um número maior de participantes, dado que eles devem distribuir-se em igual número em cada uma das condições do experimento.

Quando se opta pela distribuição dentre participantes, os estímulos experimentais devem receber um tratamento adicional: o controle num **quadrado latino**. Esse recurso permite o balanceamento dos estímulos presentes em cada condição experimental, evitando-se que o mesmo participante seja exposto a estímulos muito parecidos, de diferentes condições, distintos apenas em função da variável independente do experimento. Com o quadrado latino, estabelece-se que um participante numa distribuição *within-subjects* será exposto a todas as condições (*type*) do experimento, mas em cada condição serão usados itens lexicais específicos (*tokens*), de modo que a relação entre essas condições não se torne evidente durante a realização da tarefa. Por exemplo, um participante que veja um estímulo do tipo "verbo + sujeito" como *Chegaram as encomendas* seria exposto, na condição "sujeito + verbo", a um estímulo como *As reclamações cessaram* (e não *As encomendas chegaram*).

Figura 9 – Controle da distribuição dos estímulos experimentais num quadrado latino. "B" é uma versão idêntica do estímulo "A", itens lexicais e estruturas sintático-semântica são repetidos, com exceção da condição experimental manipulada como projeção da variável independente.

	Grupo 1	Grupo 2
Condição 1	Estímulos 1a, 2a, 3a, 4a	Estímulos 5a, 6a, 7a, 8a
Condição 2	Estímulos 5b, 6b, 7b, 8b	Estímulos 1b, 2b, 3b, 4b

3.7 Aplicação do experimento

Após o longo percurso de elaboração de um experimento, o pesquisador deve manter a vigilância ainda durante a condução das tarefas com os participantes. Eles devem receber todas as instruções e demonstrações necessárias para a perfeita realização da tarefa e devem ser submetidos a um breve **treinamento** – o "aquecimento" –, na presença do experimentador, por meio de um **pré-teste** constituído somente por estímulos distrativos, cujo objetivo é evitar que o desempenho durante o experimento propriamente dito possa ser prejudicado devido a questões mecânicas ou a fatores decorrentes da incompreensão da tarefa. Quando os participantes demonstram ter compreendido perfeitamente o que devem fazer durante o experimento, o treinamento pode ser finalizado e o experimento, iniciado.

Dando início ao experimento, os participantes devem encontrar-se sozinhos, numa sala isolada, sem elementos que possam distrair a sua atenção e interferir na realização da tarefa. Deve-se registrar o tempo médio despendido na tarefa, bem como, após a realização do experimento, deve-se receber um *feedback* dos participantes, a fim de verificar se eles reportam alguma anomalia ou mesmo se confessam ter identificado o padrão subjacente à tarefa ou o fenômeno linguístico em análise.

3.8 Análise estatística

Com a aplicação do experimento concluída, é possível passar à análise dos resultados para verificar se os dados coletados se encaminham ou não em favor das previsões da pesquisa. Nesse momento, o pesquisador precisará contatar os serviços de um profissional de estatística ou poderá utilizar, ele mesmo, softwares de pacotes estatísticos para organizar e interpretar os resultados numéricos do experimento.

A depender da variável dependente em questão, do tipo de distribuição dos participantes e da normalidade distributiva dos dados comportamentais coletados, diferentes tipos de análise estatística podem ser aplicados. Os mais comuns são **análise da variância**, **teste T**, **qui-quadrado** e **regressão logística**. Há uma grande variedade de softwares estatísticos no mercado. O mais recomentado pelos estatísticos é o R, programa gratuito de software aberto que requer o aprendizado de certos comandos manuais. O R possuiu uma adaptação para a interface do Microsoft Excel no aplicativo brasileiro ActionStat, que, ao dispensar comandos em *prompt*, costuma ser considerado bem mais amigável por usuários menos iniciados em estatística. Outro software largamente empregado no Brasil é o SPSS (abreviatura em inglês para *Statistical Package for the Social Sciences*, ou Pacote Estatístico para Ciências Sociais). Esse, no entanto, requer o pagamento de uma licença (bem cara para os típicos orçamentos miúdos de pesquisadores em Letras e Linguística no país...).

O objetivo de um teste estatístico é, por um lado, descrever a distribuição dos dados obtidos no experimento e, por outro, verificar se o comportamento típico encontrado nesses dados pode ser interpretado como provavelmente decorrente das variáveis independentes selecionadas na pesquisa – ou se, alternativamente, são grandes as chances de o comportamento manifestado pelos participantes ter sido provocado por fatores aleatórios. O famoso **p-valor** utilizado nos resultados de análises estatísticas é, justamente, o resultado de cálculos matemáticos complexos que medem a atuação das variáveis da pesquisa no cotejo com o acaso. Simplificadamente, estudos experimentais em Sintaxe assumem um nível de significância de no mínimo 95%, o que significa dizer que um p-valor igual ou inferior a 0.05 indica baixa probabilidade (igual ou inferior a 5%) de os resultados da pesquisa terem sido gerados aleatoriamente, isto é, sem a atuação da variável independente controlada na pesquisa. Com resultados dentro dessa margem, os dados reunidos por um projeto experimental em linguagem podem ser interpretados como indicadores da relevância de uma ou mais variáveis independentes e/ou da interação entre duas ou mais delas.

3.9 Sintaxe Experimental no Brasil e no resto do mundo

A linha de investigação mais proeminente na exploração experimental de questões sintáticas relevantes para a linguística teórica é, certamente, a autointitulada Sintaxe Experimental. O texto seminal de Cowart (1997) indicava, como já dissemos, que os julgamentos de gramaticalidade utilizados informalmente entre gerativistas poderiam ser transformados numa ferramenta metodológica séria ao incorporar os rigores das ciências experimentais. Os trabalhos de Sprouse (2007), no exterior, e de Kenedy (2007), no Brasil, foram provavelmente as primeiras teses de doutoramento em teoria sintática formal a adotar explicitamente a abordagem experimental a fim de investigar fenômenos sintáticos. Desde então, a área tem crescido exponencialmente e vem abrindo espaços institucionais importantes na Linguística Formal.

Fora do escopo do gerativismo, a abordagem experimental em Linguística também vem sendo explorada de maneira significativa em pesquisas de orientação funcionalista modernas. No exterior, o livro de Bybee (2010) e, no Brasil, a publicação de Abraçado e Kenedy (2014) indicam que a lógica subjacente à exploração experimental de questões sintáticas não depende de uma concepção teórica específica. Na coletânea organizada por Abraçado e Kenedy, por exemplo, foram desenvolvidas tarefas com técnicas off-line a fim de testar previsões derivadas das teorias funcionalistas sobre transitividade verbal, que correlacionam Sintaxe, Semântica e Pragmática.

Neste capítulo, apresentamos ao leitor duas correntes contemporâneas no estudo dos fenômenos sintáticos. Esperamos que você possa usar este texto para desenvolver suas próprias investigações sintáticas, acerca de fenômenos da língua portuguesa ou de outra língua de seu domínio. Veja as sugestões de leituras complementares a seguir e boa empreitada em sua trajetória sintática.

Leituras complementares

Neste capítulo, como dissemos, exploramos duas abordagens nos estudos de Sintaxe das línguas naturais: a Sintaxe Funcional e a Experimental. Por sorte, já contamos com boas traduções para o português de alguns livros importantes na área, além de diversos trabalhos originais escritos por pesquisadores brasileiros. Sobre Sintaxe Funcional, o leitor pode, a partir da leitura deste capítulo, consultar os seguintes textos em português: Halliday (1976), Naro e Votre (1989), Ilari (1992), Neves (1994, 1997), Pezatti e Camacho (1997), Votre (1997), Pezatti (2004), Martelotta (2008b), Rodrigues e Menuzzi (2011), Givón (2012) e Rosário (2015). Para saber mais sobre a abordagem experimental em Sintaxe, o leitor pode consultar, também em português, Maia e Finger (2005), Maia (2012, 2015), Kenedy (2009, 2015, 2017) e Roeper (2012).

Exercícios

1. Defina, em linhas gerais, as áreas da Sintaxe Funcional e da Sintaxe Experimental.

2. Dissemos, em várias ocasiões ao longo do livro, que o domínio máximo de análise da sintaxe era a frase. Essa afirmação continua válida nos estudos de Sintaxe Funcional? Por quê?

3. No capítulo anterior, dissemos que "falamos linearmente, mas interpretamos incrementalmente". Essa afirmação parece fazer mais sentido agora que você conhece um pouco mais sobre a Sintaxe Experimental? Explique a afirmação em suas próprias palavras e, se possível, ilustre sua resposta com algum exemplo.

CONSIDERAÇÕES FINAIS

Chegamos ao fim deste volume. Nossa ideia central com este livro foi apresentar ao leitor alguns conceitos-chave no estudo da sintaxe de uma língua natural. Por isso, começamos trabalhando, no primeiro capítulo, com uma noção fundamental no estudo da sintaxe de qualquer língua: a de constituinte. Vimos que, apesar de seu reconhecimento ser essencial no estudo da ordem e da estrutura sintática das línguas, os sintagmas são largamente ignorados pela tradição gramatical brasileira, que insiste em estudar a frase como se essa fosse o resultado de um mero ordenamento linear de palavras. Uma vez que entendemos que as frases da língua são constituídas por sintagmas e que os sintagmas são, por sua vez, constituídos por palavras (ou por outros sintagmas), de maneira estruturalmente organizada, voltamo-nos, então, aos quatro tipos principais de sintagmas lexicais em português: o SN, o SV, o SP e o SA. Estudamos sua estrutura interna e vimos as relações de complemento, especificador e adjuntos que se estabelecem nesses constituintes sintáticos. No meio do caminho, também passamos a conhecer uma propriedade inerente (e muito poderosa) do sistema computacional gramatical das línguas: a propriedade de recursividade (lembra-se do poema "Quadrilha", do Drummond?).

Com esse conhecimento em mãos, partimos, no segundo capítulo, ao estudo das funções sintáticas que podem ser exercidas pelos sintagmas na organização de uma frase. Voltamos no tempo para resgatar e então discutir a Nomenclatura Gramatical Brasileira (NGB), que ainda hoje baliza, em maior ou menor grau, os estudos de língua portuguesa no país. Acreditamos que seja muito importante que você, leitor, conheça esse documento e tenha uma postura crítica frente a ele. Foi o que tentamos fazer aqui: incitar você a conhecer os termos sintáticos presentes na NGB e discuti-los no cotejo com o que teorias contemporâneas de Sintaxe vêm descobrindo sobre a organização e a estrutura sintática das línguas humanas. Fizemos isso de maneira incipiente, é bem claro, dado o caráter introdutório deste livro. No entanto, esperamos ter mostrado o começo do caminho para que você consiga pensar e argumentar sintaticamente frente ao que encontramos na análise sintática de tradição gramatical. Não mencionamos ao longo do capítulo, mas a NGB traz também uma relação de termos gramaticais caros aos estudos em Morfologia – uma relação tão ou mais problemática do que aquela que encontramos no estudo da Sintaxe. O leitor pode encontrar uma boa discussão desses termos morfológicos constantes na NGB no volume *Para conhecer Morfologia*, desta coleção.

Se no segundo capítulo, como dissemos, trabalhamos com as funções sintáticas desempenhadas por sintagmas no nível da frase, no terceiro, passamos, então, a investigar o período composto por mais de uma oração. Vimos que as orações também podem – elas mesmas – desempenhar funções sintáticas em relação a outras num mesmo período. Trabalhamos com as relações sintáticas entre orações na primeira parte do capítulo e vimos, no final, relações que escapam à análise sintática tradicional, em especial os casos de as orações correlatas e desgarradas.

No último capítulo, finalmente, apresentamos duas abordagens contemporâneas no estudo sintático das línguas. Como mencionamos na apresentação do livro, nossas análises e nossa exposição se basearam muito no estudo sintático já perpetuado pela tradição gramatical e também em alguns conceitos fundamentais da Sintaxe Gerativa. Reservamos, para o último capítulo, o espaço para apresentarmos alguns dos pressupostos da Sintaxe Funcional e da Sintaxe Experimental. Vimos que a Sintaxe, basicamente, se ocupa com o estudo da organização interna da frase. Contudo, a organização entre os constituintes da frase obedece, muitas vezes, a princípios guiados pela organização otimizada do fluxo informacional. Ou seja, para entendermos a organização sintática de uma dada frase numa dada situação comunicativa concreta, é preciso, algumas vezes, entender a motivação funcional (ou discursiva) que levou os constituintes da frase a figurarem naquela posição e não em outra.

No estudo da abordagem experimental da Sintaxe, por outro lado, vimos como podemos investigar questões relacionadas à interpretação sintática e à produção de frases, aplicando métodos de investigação que nos permitem monitorar (em tempo real ou *a posteriori*) como o falante/ouvinte produz ou compreende uma dada construção sintática. Vimos, ao longo do livro, que produzimos frases linearmente, mas esse caráter linear revela apenas a superfície da organização sintática das palavras em sintagmas e dos sintagmas em frases. Os estudos em Sintaxe Experimental permitem analisar justamente essa propriedade de organização estrutural das frases de maneira bastante clara e cientificamente embasada.

Esperemos que você tenha encontrado neste livro um material útil em sua iniciação como sintaticista. Desejamos a você bons estudos mais aprofundados em Sintaxe!

BIBLIOGRAFIA

ABRACADO, J. "Ordem objeto-verbo no português do Brasil: mecanismo de expressão de subjetividade". *Alfa: Revista de Linguística*. v. 59, 2015.
ABRACADO, J.; KENEDY, E. (Orgs.) *Transitividade traço a traço*. Niterói: Eduff, 2014.
AUSTIN, J. L. *How to Do Things with Words*. Harvard: Harvard University Press, 1962.
AZEREDO, J. C. *Gramática Houaiss da língua portuguesa*. São Paulo: Publifolha, 2008.
_____. Sintaxe normativa tradicional. In: OTHERO, G. A.; KENEDY, E. (Orgs.). *Sintaxe, sintaxes*: uma introdução. São Paulo: Contexto, 2015.
BAGNO, M. *Gramática pedagógica do português brasileiro*. São Paulo: Parábola, 2011.
BYBEE, Joan. *Language, Usage and Cognition*. Cambridge: Cambridge University Press, 2010.
CANÇADO, M. *Manual de semântica*: noções básicas e exercícios. 3. ed. São Paulo: Contexto, 2012.
CASTILHO, A. T. *Nova gramática do português brasileiro*. São Paulo: Contexto, 2010.
CEGALLA, D. P. *Novíssima gramática da língua portuguesa*. 39. ed., melhorada e ampliada. São Paulo: Editora Nacional, 1996.
CHOMSKY, N. *Estruturas sintáticas*. Petrópolis: Vozes, 2015.
COELHO, I. L. et al. *Para conhecer sociolinguística*. São Paulo: Contexto, 2015.
CORRÊA, V. *Oração relativa*: o que se fala e o que se aprende no português do Brasil. Campinas, 1998. Tese (doutorado em Linguística) – Unicamp.
COSTA, M. A. *Procedimentos de manifestação do sujeito*. Natal, 1995. Dissertação (mestrado em Estudos da Linguagem) – UFRN.
COWART, W. *Experimental Syntax*: Applying Objective Methods to Sentence Judgments. Thousand Oaks: Sage Publications, 1997.
DECAT, M. B. N. *Uma abordagem funcionalista da hipotaxe adverbial em português*. Unesp, v. 1, 1999.
_____. "Orações adjetivas explicativas no português brasileiro e no português europeu: aposição rumo ao 'desgarramento'". *Scripta*. v. 5, n. 9, 2001.
_____. "Orações relativas apositivas: SNs 'soltos' como estratégia de focalização e argumentação". *Veredas*. v. 1 e 2, 2005.
_____. *Estruturas desgarradas em língua portuguesa*. Campinas: Pontes, 2011.
DRYER, M. Order of Subject, Object, and Verb. In: HASPELMATH, M. et al. (Eds.). *The World Atlas of Language Structures*. Oxford: Oxford University Press, 2005.
DUTRA, R. *O falante gramático*: introdução à prática de estudo e ensino do português. Campinas: Mercado de Letras, 2003.

FIGUEIREDO SILVA, M. C.; MEDEIROS, A. B. *Para conhecer Morfologia*. São Paulo: Contexto, 2016.
FILLMORE, C. J. "Corpus Linguistics" or "Computer-Aided Armchair Linguistics". In: SVARTVIK, J. (Ed.) *Directions in Corpus Linguistics, Proceedings of Nobel Symposium 82*. Berlin/New York: Mouton de Gruyter, 1992.
FIORIN, J. L. (Org.) *Introdução à linguística*. São Paulo: Contexto, 2002.
FODOR, J. A.; BEVER, T. G. "The Psychological Reality of Linguistic Segments". *Journal of Verbal Learning and Verbal Behavior*. v. 4, n. 5, 1965.
GARCIA, O. M. *Comunicação em prosa moderna*: aprendendo a escrever, aprendendo a pensar. São Paulo: FGV, 1988.
GARRETT, M.; BEVER, T.; FODOR, J. "The Active Use of Grammar in Speech Perception". *Attention, Perception, & Psychophysics*. v. 1, n. 1, 1966.
GIVÓN, T. *Functionalism and Grammar*. Amsterdam: J. Benjamins, 1995.
_____. *A compreensão da gramática*. São Paulo: Cortez; Natal: EDUFRN, 2012 [1. ed. 1979].
GUIMARÃES, E.; ZOPPI FONTANA, M. (Orgs.). *Introdução às ciências da linguagem*: a palavra e a frase. Campinas: Pontes, 2006.
GUIMARÃES, M. *Os fundamentos da teoria linguística de Chomsky*. Petrópolis: Vozes, 2017.
HAAG, C. R.; OTHERO, G. A. "O processamento anafórico: um experimento sobre a resolução de ambiguidades em anáforas pronominais". *Linguagem em (Dis)curso*. v. 4, 2003.
HALLIDAY, M. A. K. Estrutura e função da linguagem. In: LYONS, J. (Org.) *Novos horizontes em linguística*. São Paulo: Cultrix/Edusp, 1976.
HALLIDAY, M. A. K.; MATTHIESSEN, C. *An Introduction to Functional Grammar*. Routledge, 2014.
HAUY, A. *Gramática da língua portuguesa padrão*. São Paulo: Edusp, 2014.
HENRIQUES, C. C. *Nomenclatura gramatical brasileira. 50 anos depois*. São Paulo: Parábola, 2009
ILARI, R. *A perspectiva funcional da frase portuguesa*. Campinas: Editora da Unicamp, 1992.
KATO, M. Recontando a história das relativas em uma perspectiva paramétrica. In: ROBERTS, I.; KATO, M. (Orgs.) *Português brasileiro*: uma viagem diacrônica. São Paulo: Contexto, 2018.
KENEDY, E. *Aspectos estruturais da relativização em português*: uma análise baseada no modelo raising. Rio de Janeiro, 2003. Dissertação (mestrado em Linguística) – UFRJ.
_____. *A antinaturalidde de pied-piping em orações relativas*. Rio de Janeiro, 2007. Tese (doutorado em Linguística) – UFRJ.
_____. "Análise de *corpus*, a intuição do linguista e metodologia experimental na pesquisa sobre as orações relativas do PB e do PE". *Linguística*. v. 4, 2009, pp. 30-51.
_____. "Rudimentos para uma nova sintaxe na NGB". *Revista E-scrita: Revista do Curso de Letras da Uniabeu*. v. 1, n. 1, 2010.
_____. "Tópicos e sujeitos no PB: uma abordagem experimental". *Revista da Anpoll*. v. 31, 2011.
_____. *Curso básico de linguística gerativa*. São Paulo: Contexto, 2013.
_____. "O status tipológico das construções de tópico no português brasileiro: uma abordagem experimental". *Revista da Abralin*. v. XIII, 2014.
_____. Psicolinguística na descrição gramatical. In: MAIA, M. (Org.). *Psicolinguística, piscolinguísticas*: uma introdução. São Paulo: Contexto, 2015.
_____. *A língua portuguesa no Brasil e em Portugal*: o caso das orações relativas. Niterói, EdUFF, 2017.
LABOV, W. "Some Observations on the Foundation of Linguistics". 1987. Disponível em: <http://www.ling.upenn.edu/~wlabov/Papers/Foundations.html>. Acesso em: 12 jun. 2018.
LEMLE, M. *Análise sintática*: teoria geral e descrição do português. São Paulo: Ática, 1984.
LOBATO, L. M. P. Os verbos auxiliares em português contemporâneo. Critério de auxiliaridade. In: LOBATO, L. M. P. et al. *Análises linguísticas*. Petrópolis: Vozes, 1975.
_____. *Sintaxe gerativa do português*: da teoria padrão à teoria da regência e ligação. Belo Horizonte: Vigília, 1986.
LOREDO NETA, M. M. *Objeto direto*: condições de omissão no português do Brasil. Belo Horizonte, 2014. Tese (doutorado em Estudos Linguísticos) – Universidade Federal de Minas Gerais.
LUFT, C. P. *Moderna gramática brasileira*. 7. ed. Porto Alegre/Rio de Janeiro: Globo, 1986.
MAIA, M.; FINGER, I. (Orgs.). *Processamento de linguagem*. Pelotas: Educat, 2005.

_____. "Sintaxe experimental uma entrevista com Marcus Maia". *ReVEL*. v. 10, n. 18, 2012.
_____. Sintaxe experimental. In: OTHERO, G. A.; KENEDY, E. *Sintaxe, sintaxes*: uma introdução. São Paulo: Contexto, 2015.
MARTELOTTA, M. E. (Org.) *Manual de linguística*. São Paulo: Contexto, 2008a.
_____. Funções da linguagem. In: _____. (Org.) *Manual de linguística*. São Paulo: Contexto, 2008b.
_____. *Mudança linguística*: uma abordagem baseada no uso. São Paulo: Cortez, 2011.
MARTINET, A. *Elementos de linguística geral*. 2. ed. Lisboa: Sá da Costa, 1970.
MATEUS, M. et al. *Gramática da língua portuguesa*. Lisboa: Caminho, 2003.
MATTHIESSEN, C.; THOMPSON, S. A. "The Structure of Discourse and 'Subordination'". *Clause Combining in Grammar and Discourse*. v. 18, 1988.
MIOTO, C.; SILVA, M. C. F.; LOPES, R. E. V. *Novo manual de sintaxe*. São Paulo: Contexto, 2013.
MODESTO, M. *As construções clivadas no português do Brasil*: relações entre interpretação focal, movimento sintático e prosódia. São Paulo: Humanitas; FFLCH/USP, 2001.
_____. A interpretação das sentenças clivadas. In: *Semântica formal*, 2003.
MONTEIRO, J. L. *Pronomes pessoais*: subsídios para uma gramática do português do Brasil. Fortaleza: Edições UFC, 1994.
MORENO, C.; GUEDES, P. C. *Curso básico de redação*. São Paulo: Ática, 1979.
MOURA NEVES, M. H. "Uma visão geral da gramática funcional". *Alfa: Revista de Linguística*. v. 38, 1994.
_____. *A gramática funcional*. São Paulo: Martins Fontes, 1997.
_____. *Gramática de usos do português*. São Paulo: Unesp, 2000.
MUSSALIM, F.; BENTES, A. C. *Introdução à linguística*: domínios e fronteiras. v. 1. São Paulo: Cortez, 2001.
NARO, A.; VOTRE, S. "Mecanismos funcionais do uso da língua". *D.E.L.T.A.* 5, 1989.
NETO, J. F. et al. "A interpretação passiva/indeterminada de construções com a partícula 'se' em tempos simples do português brasileiro – um estudo em sintaxe experimental". *DLCV – Língua, Linguística & Literatura*. v. 7, n. 1, 2010.
OITICICA, J. *Manual de análise (léxica e sintática)*. Rio de Janeiro: Typographia Baptista de Souza, 1919.
OLIVEIRA, M. R. *Repetição em diálogos*: análise funcional da conversação. Niterói: Eduff, 1998.
OTHERO, G. A. *Teoria X-barra*: descrição do português e aplicação computacional. São Paulo: Contexto, 2006.
_____. *A gramática da frase em português*: algumas reflexões para a formalização da estrutura frasal em português. Porto Alegre: Edipucrs, 2009.
_____. Sintaxe. In: SCHWINDT, L. C. (Org.) *Manual de linguística*: fonologia, morfologia e sintaxe. Petrópolis: Vozes, 2014.
PERINI, M. A. *Para uma nova gramática do português*. São Paulo: Ática, 1985.
_____. *Sintaxe portuguesa*: metodologia e funções. São Paulo: Ática, 1989.
_____. *Gramática descritiva do português*. São Paulo: Ática, 1995.
_____. (Org.). "O sintagma nominal em português: estrutura, significado e função". *Revista de Estudos da Linguagem*. ano 5, n. especial, 1996.
_____. *Princípios de linguística descritiva*: introdução ao pensamento gramatical. São Paulo: Parábola, 2006.
_____. *Estudos de gramática descritiva*: as valências verbais. São Paulo: Parábola, 2008.
_____. *Gramática descritiva do português brasileiro*. Petrópolis: Vozes, 2016.
PEZATTI, E. G. O funcionalismo em linguística. In: MUSSALIM, F.; BENTES, A. C. (Orgs.). *Introdução à linguística*: fundamentos epistemológicos. v. 3. São Paulo: Cortez, 2004.
PEZZATI, E. G.; CAMACHO, R. G. "Aspectos funcionais da ordem de constituintes". *D.E.L.T.A.* v. 13 n. 2, 1997.
PONTES, Eunice. *Verbos auxiliares no português*. Petrópolis: Vozes, 1973.
_____. *Sujeito*: da sintaxe ao discurso. São Paulo: Ática; Brasília: INL, Fundação Nacional Pró-Memória, 1986.
_____. *O tópico no português do Brasil*. Campinas: Pontes, 1987.

Raposo, E. P. *Teoria da gramática*. A faculdade da linguagem. Lisboa: Caminho, 1992.
Rodrigues, G. R.; Menuzzi, S. M. Articulação informacional. In: Pires de Oliveira, R.; Mioto, C. (Orgs.). *Percursos em teoria da gramática*. Florianópolis: Editora da ufsc, 2011.
Rodrigues, V. V. *Construções comparativas*: estruturas oracionais? Rio de Janeiro, 2001. Tese (doutorado) – ufrj.
_____. (Org). *Articulação entre orações*: pesquisa e ensino. Rio de Janeiro: Ed. da ufrj, 2010.
Roeper, T. "Sintaxe experimental: uma entrevista com Thomas Roeper". *ReVEL*. v. 10, n. 18, 2012.
Rosário, I. C. *Expressão da concessividade em construções do português do Brasil*. Rio de Janeiro, 2012. Tese (doutorado) – ufrj.
_____. Sintaxe funcional. In: Othero, G. A.; Kenedy, E. *Sintaxe, sintaxes*: uma introdução. São Paulo: Contexto, 2015.
_____. "Construções correlatas aditivas e disjuntivas". *Revista Odisseia*. v. especial, 2017.
Saussure, F. *Curso de linguística geral*. São Paulo: Cultrix, 1997 [1. ed. 1916].
Schwindt, L. C. (Org.). *Manual de linguística*: fonologia, morfologia e sintaxe. Petrópolis: Vozes, 2014.
Seara, I. C. et al. *Para conhecer fonética e fonologia do português brasileiro*. São Paulo: Contexto, 2014.
Souza e Silva, C. P.; Koch, I. V. *Linguística aplicada ao português*: sintaxe. São Paulo: Cortez, 1993.
Sprouse, J. *A Program for Experimental Syntax*: Finding the Relationship Between Acceptability and Grammatical Knowledge. Dissertation. University of Maryland, College Park, 2007.
Tarallo, F. *Relativization Strategies in Brazilian Portuguese*. Ph.D Thesis. Philadelphia Univ. of Pennsylvania, 1983.
Votre, S. "Um paradigma para a linguística funcional". *Alfa*: Revista de Linguística. v. 41, n. 1, 1997.
Zilles, A. M. S.; Faraco, C. A. *Para conhecer norma linguística*. São Paulo: Contexto, 2017.
_____; Kersch, D. F. Onde: prescrição, proscrição, descrição e ensino. In: _____; Faraco, C. A (Orgs.). *Pedagogia da variação linguística*: língua, diversidade e ensino. São Paulo: Parábola, 2015.

OS AUTORES

Eduardo Kenedy é doutor e mestre em Linguística pela Universidade Federal do Rio de Janeiro (UFRJ) e licenciado em Letras pela Universidade Federal Fluminense (UFF). Na UFF, é professor do Departamento de Ciências da Linguagem e membro permanente do Programa de Pós-Graduação em Estudos de Linguagem, filiado à linha de pesquisa Teoria e Análise Linguística, com ênfase em Psicolinguística e Linguística Gerativa. Fundou o Laboratório do Grupo de Estudos e Pesquisas em Linguística Teórica e Experimental (Gepex-UFF), atuando como orientador de trabalhos sobre processamento linguístico, sobre Sintaxe Gerativa e sobre Psicolinguística Translacional para a Educação. Em 2013, recebeu da Faperj o prêmio Jovem Cientista do Nosso Estado. É bolsista de produtividade em pesquisa do CNPq desde o ano de 2017. Pela Editora Contexto, publicou *Curso básico de linguística gerativa* (2013), *Sintaxe, sintaxes: uma introdução* (2015) (co-organizado com Gabriel de Ávila Othero), além de ser o coautor nas obras *Manual de linguística* (2008) e *Psicolinguística, piscolinguísticas: uma introdução* (2015).

Gabriel de Ávila Othero é professor do Departamento de Linguística, Filologia e Teoria Literária e do Programa de Pós-Graduação em Letras da Universidade Federal do Rio Grande do Sul (UFRGS). Tem graduação em Letras Português e Letras Português/Inglês pela Universidade do Vale do Rio dos Sinos (Unisinos, 2001); é especialista em estruturas da língua portuguesa pela Universidade Luterana do Brasil (Ulbra, 2002); concluiu seu mestrado (2005) e doutorado (2009) em Linguística pela Pontifícia Universidade Católica do Rio Grande do Sul (PUCRS); e fez pós-doutorado na Universidade Federal do Rio Grande do Sul (UFRGS, 2009-2010) e na Universidade Estadual de Campinas (Unicamp, 2017-2018). Também é editor da *Revista Virtual de Estudos da Linguagem – ReVEL* (juntamente com Cassiano R. Haag e Cândida M. Selau) desde 2003. É autor, pela Contexto, dos livros *Teoria X-barra: descrição do português e aplicação computacional* (2006) e *Sintaxe, sintaxes: uma introdução* (juntamente com Eduardo Kenedy, 2015). Atua nas áreas de Sintaxe (e sua interface com Semântica, estrutura informacional e prosódia), gramática do português brasileiro, Teoria da Otimidade e Linguística Computacional.

LEIA TAMBÉM

PARA CONHECER SEMÂNTICA

Ana Quadros Gomes e *Luciana Sanchez-Mendes*

Escritos por especialistas e voltados principalmente para estudantes, os volumes que compõem a coleção "Para Conhecer" são introduções atualizadas e bem cuidadas, redigidas em linguagem clara e acessível, acompanhadas de exercícios práticos.

A Semântica Formal estuda o significado linguístico das línguas naturais. Ela se dedica a explicar como qualquer falante nativo produz e compreende sentenças com significado formadas na sua língua.

Esta obra aborda os conceitos básicos da Semântica Formal e sua aplicação na descrição do português do Brasil. Com este livro, os leitores terão a oportunidade de um primeiro contato, básico e estimulante, com as questões da investigação científica do significado, além de ampliar seu conhecimento sobre o português brasileiro pelo viés semântico.

CADASTRE-SE
EM NOSSO SITE,
FIQUE POR DENTRO DAS NOVIDADES
E APROVEITE OS MELHORES DESCONTOS

LIVROS NAS ÁREAS DE:

História | Língua Portuguesa | Educação
Geografia | Comunicação | Relações Internacionais
Ciências Sociais | Formação de professor
Interesse geral | Romance histórico

ou
editoracontexto.com.br/newscontexto

Siga a Contexto
nas Redes Sociais:
@editoracontexto

GRÁFICA PAYM
Tel. [11] 4392-3344
paym@graficapaym.com.br